Sweet & Sexy

STÄDTER®
Die bunte Welt des Backens

Sweet & Sexy

Erotik Torten
sinnlich sättigend mit einem Spritzer erregenden Humors

kreiert & modelliert von
Eike Eschholz

Vorwort

Liebe Backfreunde!
Lassen Sie sich ein wenig von mir in die Welt der Erotik entführen. Kreieren Sie mit mir die Torten, die zum Gegenstand süßer Verführung werden. Sinnliches Backvergnügen ist Ihnen gewiss und natürlich die Anerkennung derjenigen, die an Ihren Köstlichkeiten teilhaben dürfen. Ich versichere Ihnen, das Anfertigen ist gar nicht so schwer wie es aussehen mag. Bevor Sie jedoch mit dem Backen und Modellieren beginnen, ist es unbedingt notwendig, die Anleitung im ersten Teil des Buches genau zu lesen. Schritt für Schritt ist dort die Entstehung der Körper beschrieben, die die Basis aller hier gezeigten Motive bildet. Perfektion ist nicht sexy. So denken Sie bitte bei allem Tun daran, nichts ist verführerischer als das Lachen und die Freude an der eigenen Kreativität.

In diesem Sinne mit einem – *Sweet & Sexy* – Kuss

Es wird heiß …

Inhalt

Backzubehör

Bild 1

1. Gitterstanze
2. Lilienausstecher mit Auswerfer
3. Mini-Herz- und Stern-Ausstechformen mit Auswerfer
4. Präger
5. Blumen-Ausstecher mit Auswerfer
6. Stern-Ausstechform
7. Blatt-Ausstechform
8. Lilien-Nagel
9. Blatt-Ausstechform (Tannenzweig)
10. Ausstechformen-Set mini (42 tlg.) (oval, rund, etc.)
11. Blumen-Ausstechform
12. Schlüssel-Ausstechform
13. Ring-Ausstechform
14. Deko-Flex-Model Blättter
15. Deko-Flex-Model Trauben
16. Blatt-Ausstechform
17. Herz-Ausstechformen
18. Ring-Ausstechformen-Set
19. Hand-Ausstechformen

Bild 2

1. Knoblauchpresse
2. Modellier-Werkzeuge
3. Mini-Winkelpalette
4. Winkelpalette

Bild 3

1. Mürbeteig Backmischung
2. Back-Trennspray
3. Lochblech
4. Backrand verstellbar
5. Backrand Primel
6. Dauerbackfolie
7. Tortenring verstellbar

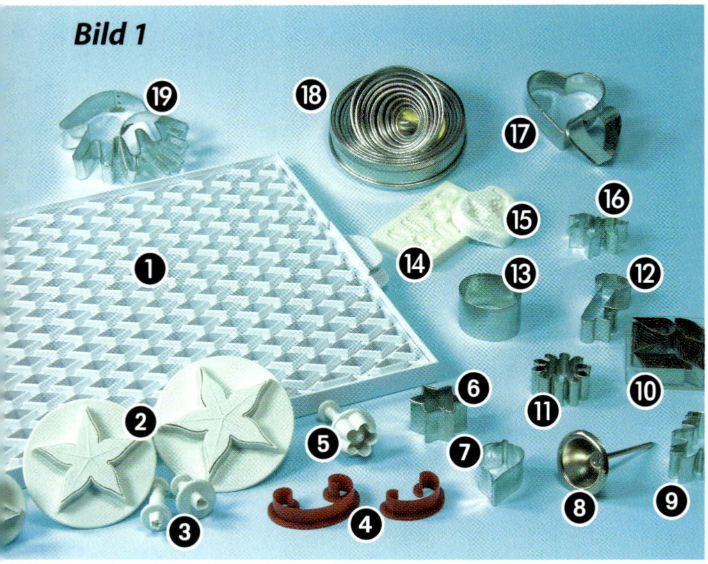

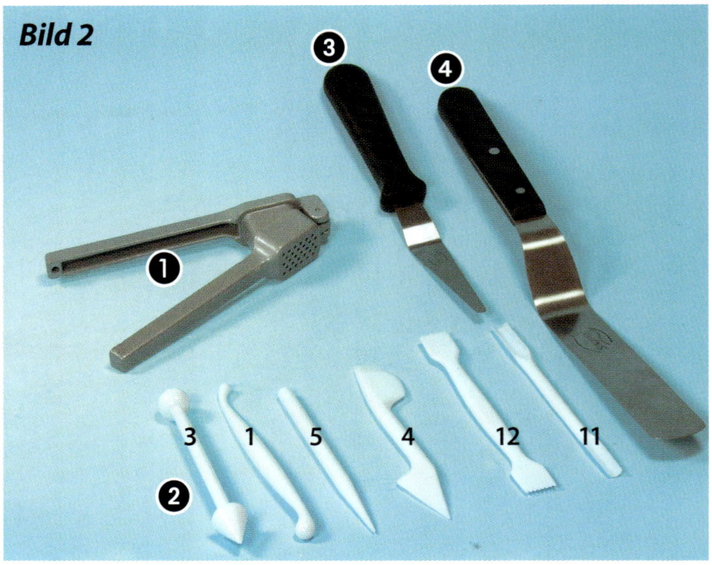

Tipp:
Unentbehrliche Helfer sind außerdem: Schaschlikstäbe, Zahnstocher und Spaghetti, Kunststoffbehälter, Plastiktüten und natürlich jede Menge Haushaltspapier!

Bild 3

Bild 4
1. Mini-Muffin-Form mit Papier-Backförmchen für Mini-Muffins
2. Muffin-Backmischung
3. Muffin-Form mit Papier-Backförmchen für Muffins

Bild 5
1. Penis-Backform
2. Baumstamm-Backform
3. Biskuit-Backmischung

Bild 4

Bild 5

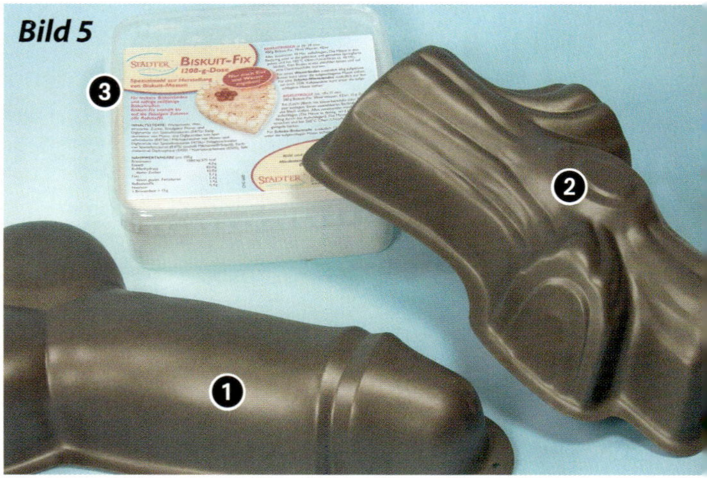

Backzubehör

Bild 1

1. Farbiger Fondant

2. Weißer Fondant

Bild 2

1. Silikon-Ausrollmatte mit verschiedenen Größenangaben

2. kleines Rollholz zum Modellieren

3. Allzweckstreuer

4. Bäckerstärke

5. Großes Rollholz mit Griffen

6. Großes Rollholz zum Aufwickeln von Fondant

7. Glätter

Bild 3

1. Kerzen in verschiedenen Farben

2. Zuckerperlen in verschiedenen Farben

3. Kerzen Champagner-Flaschen

4. Blüten-Pollen (nicht essbar)

Tipp:
Unsere ausführliche Produktbeschreibung finden Sie auf unserer Internetseite.

www.staedter.de

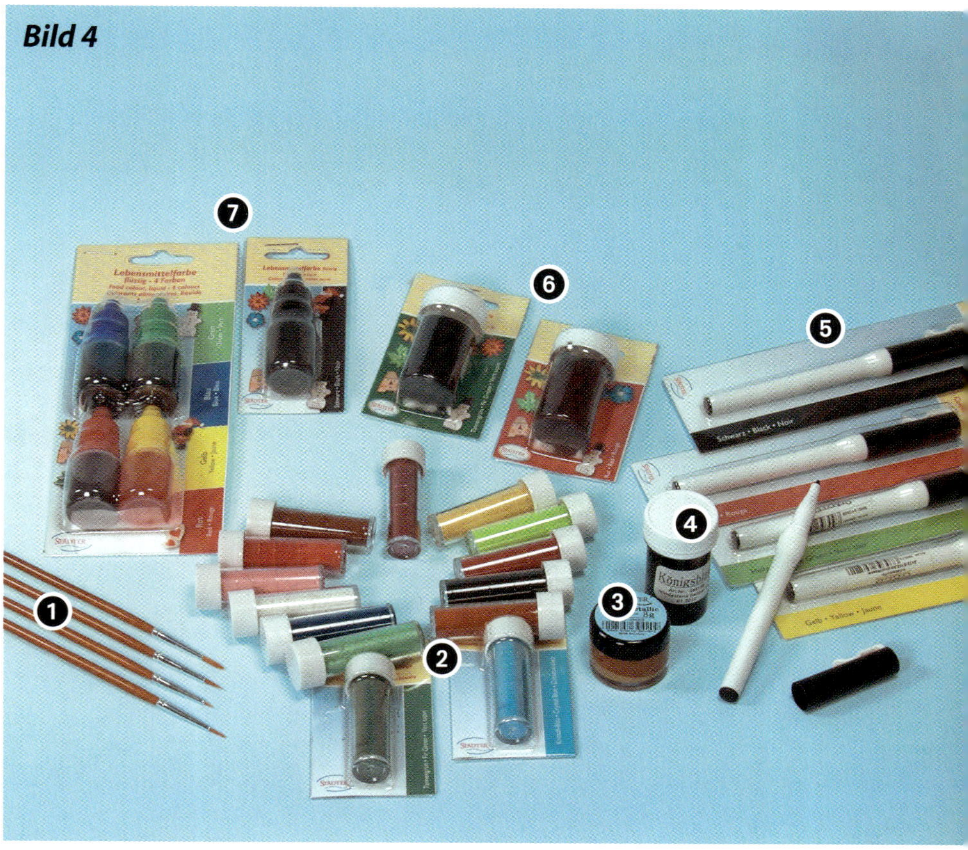

Bild 4

Bild 4
1. feine Pinsel
2. Speisefarben-Pulver
3. Speisefarben Metallic-Pasten
4. Speisefarben-Pasten
5. Speisefarben-Stifte
6. Speisefarben-Pasten
7. Speisefarben flüssig

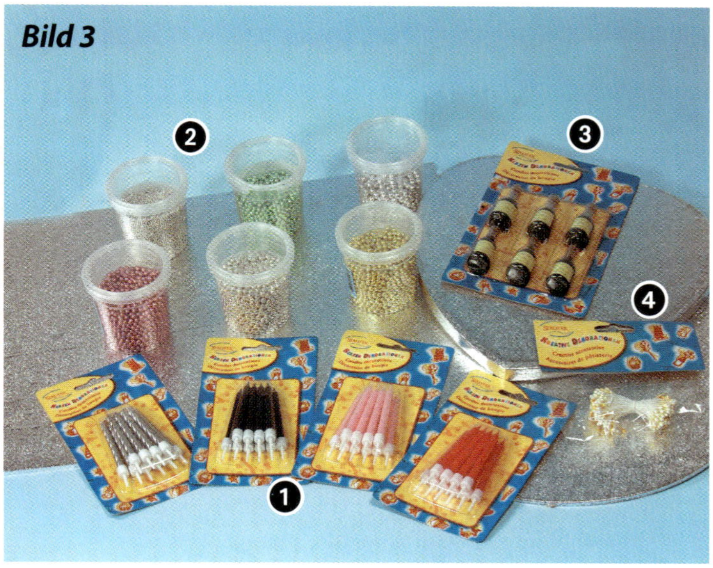

Bild 3

Rezepte

Für die in diesem Buch genannten Sweet & Sexy – Kuchen wurden folgende Backformen benutzt:

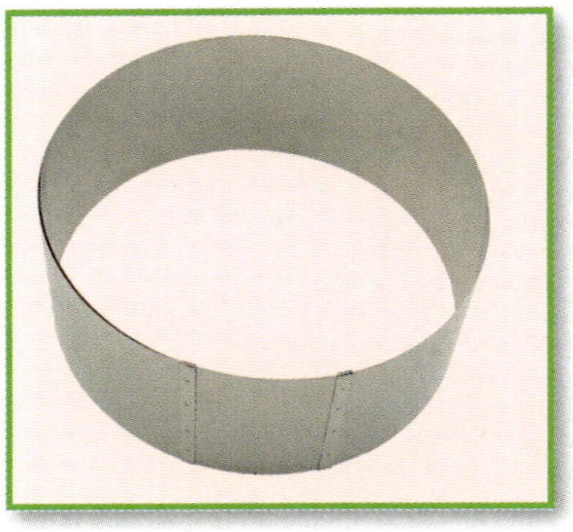

Bild 1 – Tortenring

Verstellbarer Tortenring für alle runden Kuchen (Bild 1)

Für alle runden Kuchen-Oberteile stellen Sie den Tortenring auf ∅ 22 cm ein.

Für alle runden Kuchen-Unterteile stellen Sie den Tortenring auf ∅ 28 cm ein.

Verstellbarer Backrand für alle quadratischen und rechteckigen Kuchen (Bild 2)

Für alle quadratischen Kuchen-Oberteile stellen Sie den Backrand auf 25 x 25 cm ein.

Für alle quadratischen Kuchen-Unterteile stellen Sie den Backrand auf 28 x 28 cm ein.

Backrand Primel (nicht verstellbar) (Bild 3)

Backform Baumstamm (Bild 4)

Backform Penis (Bild 5)

Vorbereitung:

Belegen Sie ein Lochbackblech mit Dauerbackfolie und stellen den jeweiligen Tortenring, Backrand oder Backrand Primel in der entsprechenden Größe darauf. Der Backofen wird auf 200° C vorgeheizt.

Fetten Sie die Formen mit Backtrennspray oder Margarine ein.

Zutaten für alle Kuchen und Kuchen-Oberteile. Menge für ein Oberteil:

250 g Zucker
250 g Butter
5 Eier
300 g Mehl
150 g Speisestärke
1 Päckchen Backpulver
1 Prise Salz
Gewürze nach Geschmack
Beachten Sie die jeweilige Empfehlung der Konditorin.
Backzeit ca. 40 Minuten bei ca. 170 °C.

und gebe ganz viel Liebe hinzu ...

Rezept-Tipp:
Um spontane Backgelüste zu befriedigen, hilft der Einsatz von Backmischungen!

Bild 2 – Backrand

Bild 3 – Primel

Bild 4 – Baumstamm

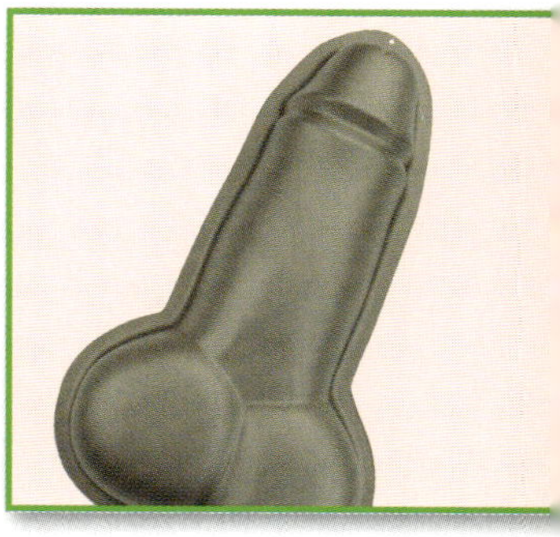

Bild 5 – Penis

Verarbeitung (siehe Seite 18):
Weiche Butter, Zucker, Salz und Gewürze aufschlagen, nach und nach die Eier dazugeben und die Masse aufschlagen, bis sie hell und cremig ist. Danach das Mehl, die Speisestärke und das Backpulver kurz aber intensiv unterarbeiten.
Den Teig in die vorbereitete Form geben und verstreichen. Bei größeren Formen den Teig von der Mitte aus etwas zum Rand hoch streichen.
So bekommt der Kuchen eine glatte Oberfläche.
Mit der angegebenen Temperatur und Zeitangabe backen.
Kuchen im Tortenring oder Backrand vollständig auskühlen lassen. Kuchen in der Form gebacken, 10 Minuten abkühlen lassen und anschließend auf ein Kuchengitter stürzen.
Bestreichen Sie den Kuchen mit gekochter, durchpassierter, abgekühlter Aprikosenmarmelade und decken diesen mit Fondant ein (siehe Seite 18).

Für alle flachen Kuchen-Unterteile
Tortenring und Backrahmen entsprechend für die Kuchen-Unterteile einstellen und vorbereiten, wie bei Oberteilen beschrieben.

Zutaten für alle Kuchen-Unterteile.
Menge für ein Unterteil:
Alle Zutaten wie für Kuchen-Oberteile, jedoch zusätzlich noch **150 g Mehl** dazugeben. (Die Kuchen-Unterteile werden flacher und etwas fester, damit die oberen Kuchen nicht eindrücken.)
Verschiedene Geschmacksrichtungen können Sie mit Backaromen erzielen, z. B. Zitrone, Vanille oder Rum.
Die Backzeit beträgt bei den Kuchen-Unterteilen nur ca. 35 Minuten bei 170 °C.

Arbeiten mit Rollfondant/ Zuckermasse

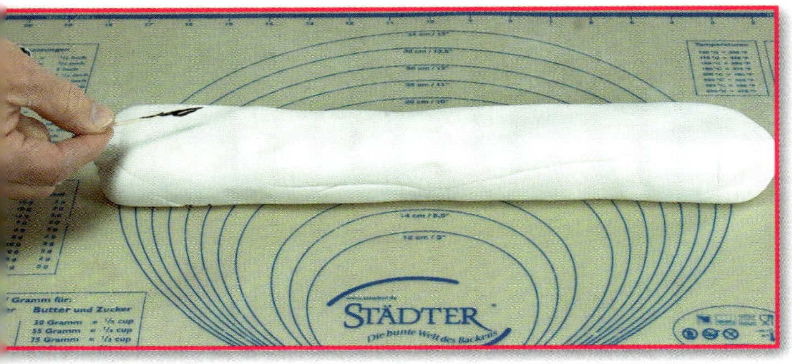

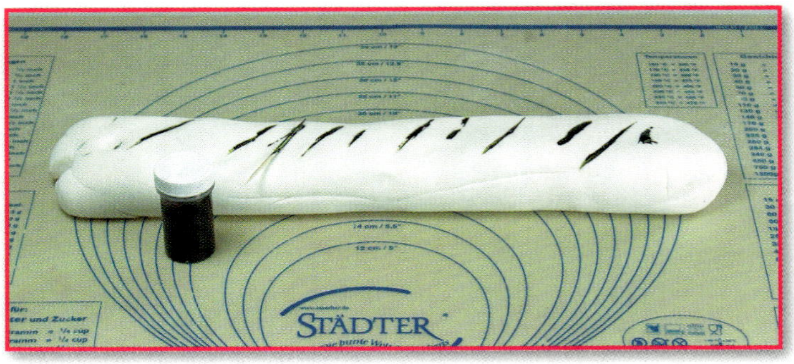

Rollfondant ist eine essbare **Zuckermasse**, die sich hervorragend zum Eindecken von Kuchen und Modellieren eignet und in **diversen Farben** erhältlich ist.
Alle Farben lassen sich miteinander vermischen. Zuerst entsteht der **Effekt** der Marmorierung, bis dann die **Farben** völlig ineinander übergehen und den gewünschten **Farbton** zeigen. Unendliche Farbmöglichkeiten ergeben sich auch aus dem Einfärben des Materials mit **Farbpaste**. Diese Paste ist sehr ergiebig. Etwas Farbpaste mit einem **Zahnstocher** entnehmen, in mehreren kleinen Strichen auf den Rollfondant verstreichen und unterarbeiten (siehe Fotoanleitung).

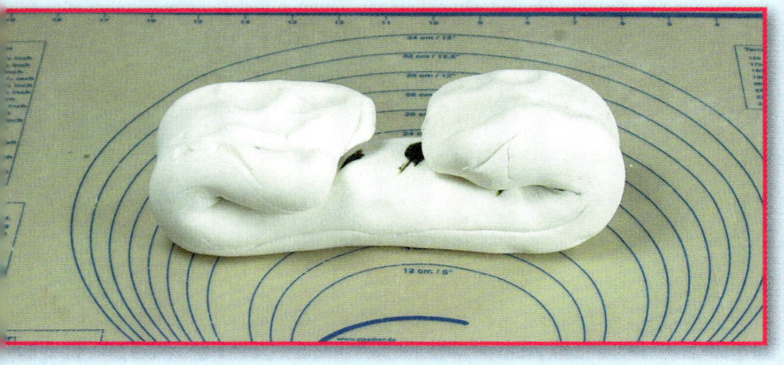

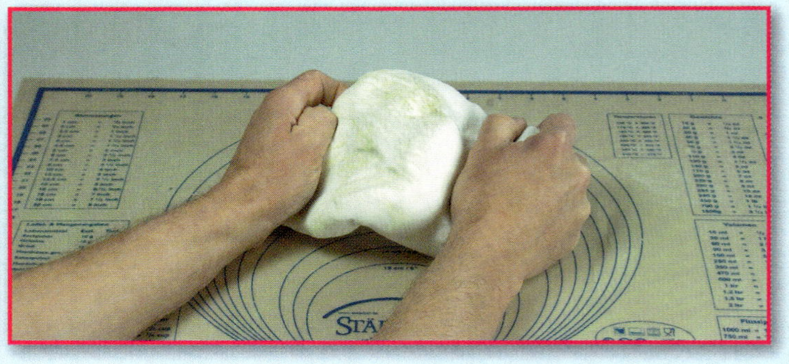

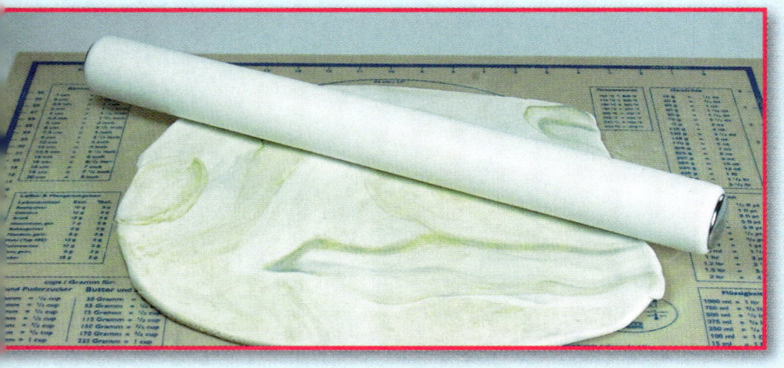

Tipp:
Fondant, der nicht sofort verarbeitet wird, muss unbedingt luftdicht in Plastiktüten verpackt und in Kunststoffbehältern gelagert werden.

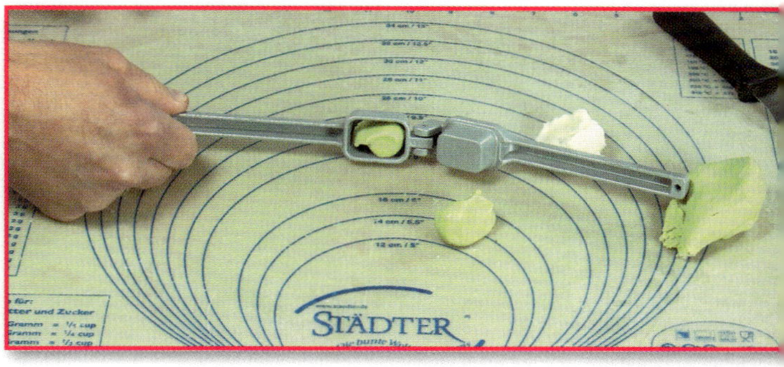

Vor dem **Modellieren** wird der Rollfondant gut durchgeknetet. Sie können CMC unterarbeiten, damit das Objekt schneller härtet. Auf 100 g **Rollfondant** benötigen Sie ca. ½ TL **CMC**. Je mehr CMC Sie verwenden, je rascher erfolgt das Aushärten. Die Oberfläche des Rollfondant wird geschmeidig und glatt, wenn Sie Ihre Hände mit etwas **Pflanzenfett** einreiben. **Fondantschnüre,** z. B. für Haare oder Schriften, benötigen zusätzlich Pflanzenfett, damit die Schnüre beim Legen nicht reißen. Falls das Material zur Verarbeitung zu trocken geworden ist, empfiehlt es sich, ebenfalls Pflanzenfett unter die Masse zu kneten. **Aromaöle**, wie z. B. Butter, Vanille, Zitrone etc. können Sie unter den Fondant geben, um **sinnlichen Genuss** zu bereiten.

Zuckerkleber:
Unerlässlich für das Modellieren mit Rollfondant ist der Gebrauch von lebensmittelechtem Zuckerkleber. Er lässt sich einfach herstellen, klebt gut und trocknet transparent.

Man nehme und man mache:
250 ml Wasser und 1 TL CMC verrühren, aufkochen, abkühlen lassen und bei Bedarf durch ein Sieb streichen.

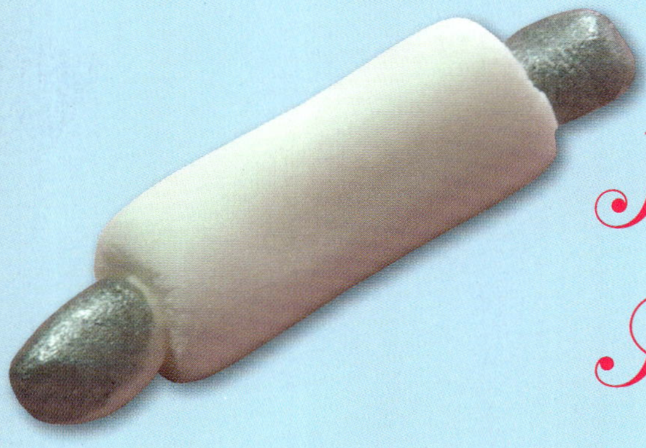

Kuchen mit Fondant überziehen

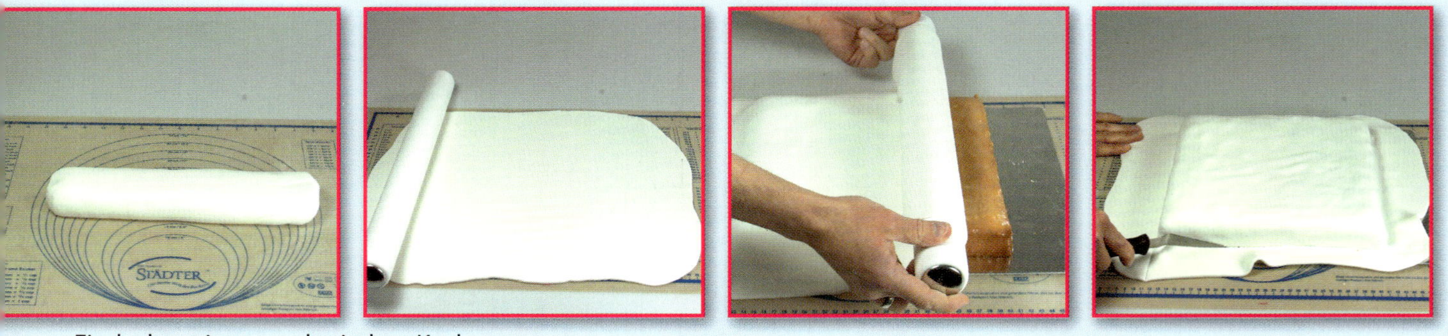

Eindecken eines quadratischen Kuchens.
Man braucht ca. 600 g Fondant pro Ober- und Unterteil.

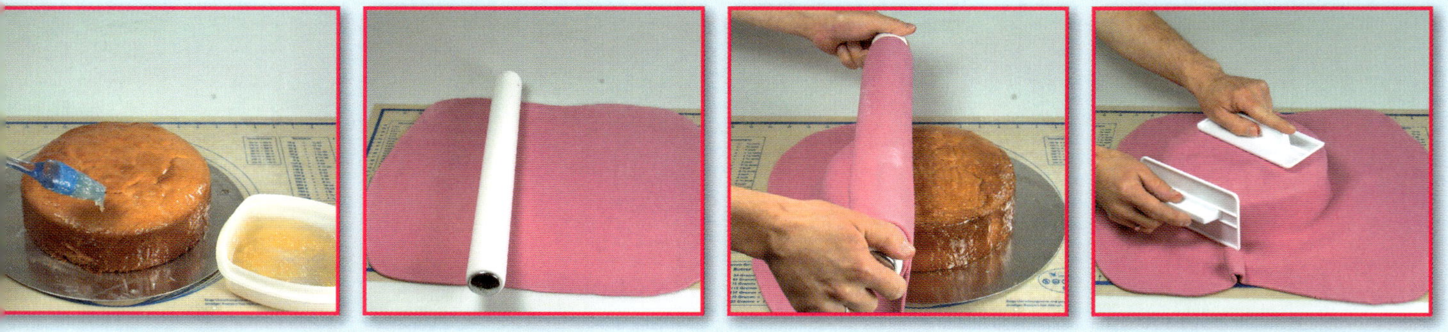

Eindecken eines runden Kuchens.
Man braucht ca. 600 g Fondant pro Ober- und Unterteil.

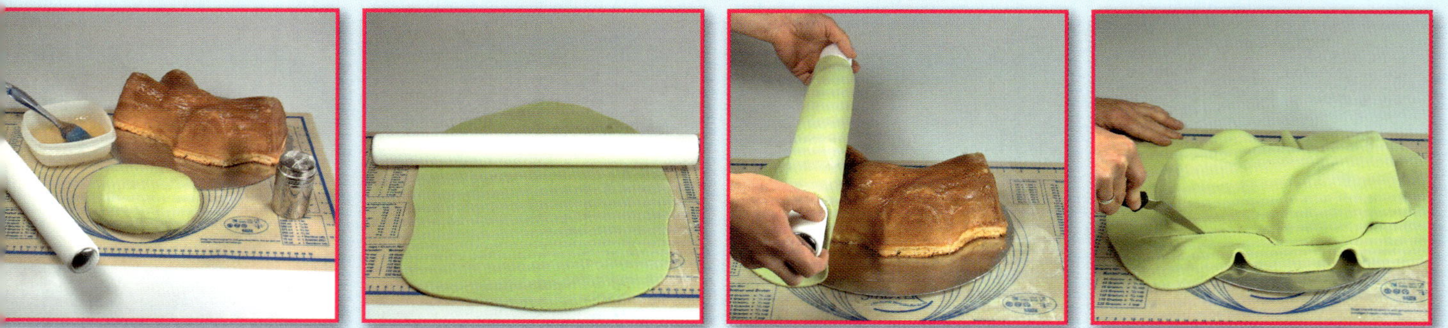

Eindecken eines Motivkuchens.
Man braucht ca. 600 g Fondant.

Tipp:
Wer runde sinnliche Formen liebt, deckt den Kuchen mit Rollfondant doppelt ein.

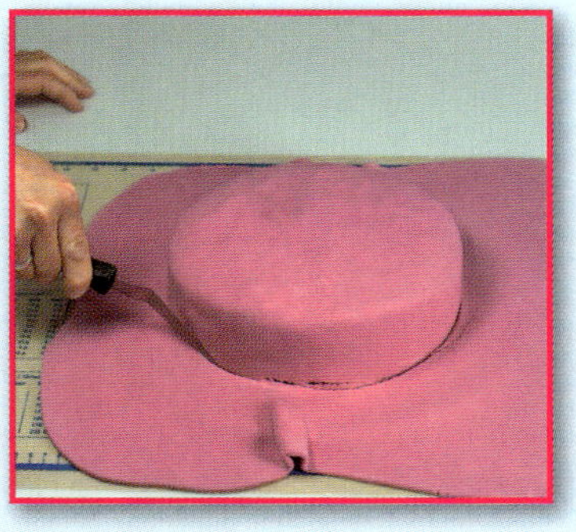

Werkzeuge:
Rollfondant, Ausrollmatte, Teigrolle, Winkelpalette, Glätter

Schritt 1:
Den gebackenen, kalten Kuchen mit einem Messer begradigen, damit eine glatte Oberfläche entsteht.

Schritt 2:
Aprikosenmarmelade aufkochen und den Kuchen dünn bestreichen, damit die Krümel gebunden werden und die Rollfondant-Decke klebt.

Schritt 3:
Den Rollfondant gut durchkneten und ausrollen. Die ausgerollte Platte sollte ca. 1 ½ mal so groß wie der zu überziehende Kuchen und ca. 0,7 cm dick sein. Die Rollfondantplatte dünn mit Bäckerstärke bestauben und auf das Rollholz aufrollen.

Schritt 4:
Die Rollfondantplatte locker über den Kuchen abrollen, so daß der Kuchen rund herum zugedeckt ist.

Schritt 5:
Die Rollfondant-Schürze etwas vom Kuchen (unten) abziehen, damit sich die Falten nach außen verlagern. Den Rollfondant immer von unten nach oben mit dem Glätter an den Kuchen streichen/drücken. (Diesen Vorgang wiederholen bis der Kuchen glatt eingedeckt ist).

Schritt 6:
Die überstehende Fondantschürze mit einer kleinen Winkelpalette abtrennen/abschneiden und die Tortenoberfläche mit einem Glätter glätten.

Die Basis aller Modellagen ist der mit Rollfondant überzogene Kuchen. Der Überzug sorgt für eine glatte makellose Oberfläche und hält den Kuchen lange saftig.

Der Körper Modellier-Anleitung

Piktogramm

Jeder **Körper** sieht anders aus. Und das ist gut so, denn die Vielfalt auf unserer Erde macht unseren Reichtum aus. Auch die Vorstellung davon, was **sexy** und **erotisch** ist, liegt im Auge des Betrachters. So können meine Modelle für Sie Inspiration und meine Anleitung nur **Richtschnur** für Sie sein. Ich habe weitgehend auf genaue Mengenangaben bei den Figuren verzichtet, um Ihnen die **Freiheit** zu geben, selbst die Größe und die Fülle der Körper zu bestimmen.
Um Sie bei dem Modellieren der **Proportionen** zu unterstützen, können Sie folgendes als Hilfestellung nutzen: Ausgangspunkt einer jeden Modellierarbeit ist die **Kugel**. So gilt, je dicker die Kugel, je größer ist die Figur.
Je kleiner die Kugel, desto feiner ist der Körper bzw. seine Teile.
Für eine Figur rollen Sie **drei Kugeln** in gleicher Größe aus.
Aus der ersten Kugel wird der Körper (siehe Seite 22-23).
Aus der zweiten Kugel entstehen die Arme und die Beine, wie es in der Fotoanleitung (siehe Seite 24-25) zu sehen ist. Die Arme benötigen ein Drittel und die Beine zwei Drittel der Kugel. Sollten die Arme oder die Beine besonders **muskulös** werden, fügen Sie einfach noch ein wenig Rollfondant hinzu.
Für den Kopf brauchen Sie **ein Drittel der dritten Kugel.**
Aus den Resten der dritten Kugel fertigen Sie Ohren, Nase, Brüste oder den Po an.

Falls nicht anders angegeben, sind die Figuren aus jeweils drei Kugeln à 36 g modelliert:

1. Kugel à 36 g = 36 g Körper
2. Kugel à 36 g = 12 g Arme (6 g + 6 g)
   = 24 g Beine (12 g + 12 g)
3. Kugel à 36 g = 12 g Kopf
   = 12 g Ohren, Nase, Haare
   = 12 g Brüste, Po, etc.

Die Körper und die Beugen der Gelenke werden mit Hilfe der Finger oder des Modellierwerkzeugs Nr. 5 mit leichtem Druck geformt bzw. gerollt. Das Modellierwerkzeug Nr. 5 prägt

1. Kugel (siehe Seite 22 + 23)
Körper

2. Kugel (siehe Seite 24 + 25)
Beine + Arme

3. Kugel (siehe Seite 26 + 27)
Kopf + Brüste, Po, Nase, etc.

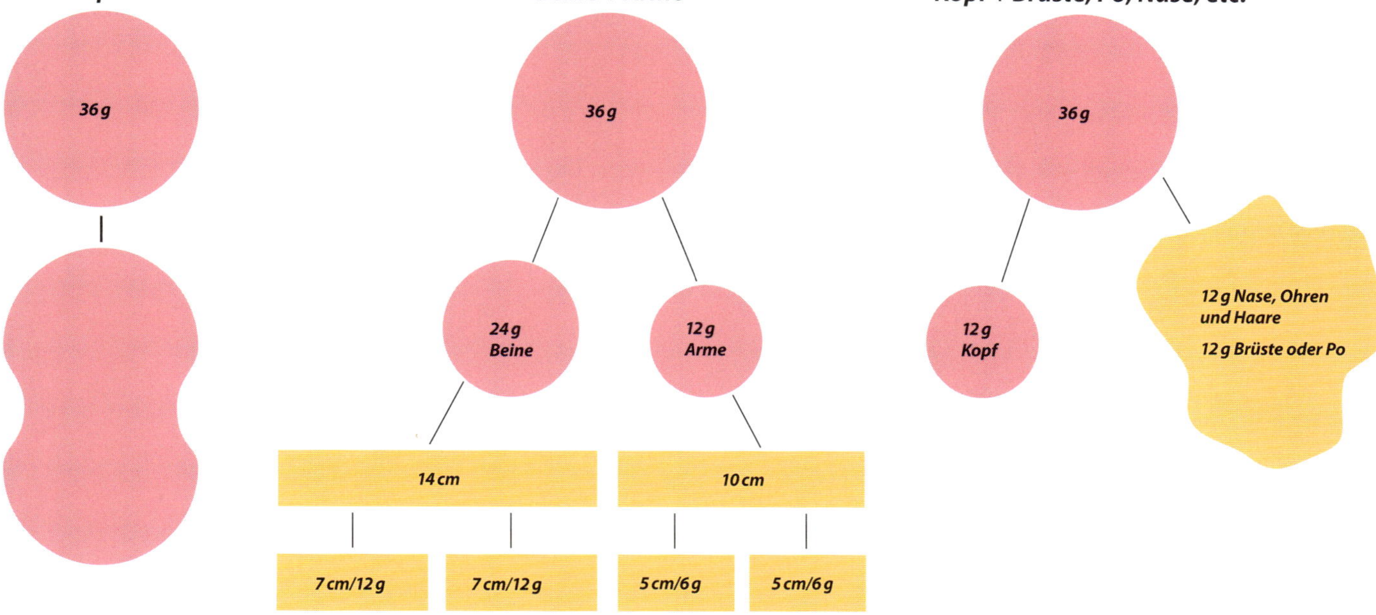

den **Bauchnabel** und das Modellierwerkzeug Nr. 11 die Männerbrust. Mit dem Modellierwerkzeug Nr. 4 lassen sich Zehen, Finger und Po prägen. Fondantteile werden mit einem **essbaren** Zuckerkleber (siehe Rezept Seite 17) miteinander verbunden. Als zusätzliches Hilfsmittel können **Spaghettistücke** (siehe Seite 22-23) eingesetzt werden. Bisweilen ist es nötig, Einzelteile über Nacht trocknen zu lassen und dann erst miteinander zu verbinden, damit die Figuren nicht zusammenbrechen. Eine Stabilisierungshilfe ist **Haushaltspapier**. Unter-, neben- und zwischen geschoben, hilft es der Figur, in der gewünschten **Stellung** zu bleiben, bis das Objekt völlig ausgehärtet ist.

Um den Körper **lebendig** und **gesund** aussehen zu lassen, tragen sie nach dem Trocknen mit einem Pinsel Speisefarben-Pulver rot oder terrakotta auf. Auch die Bemalung mit einem Speisefarben-Stift, mit der Farbpaste oder den flüssigen Speisefarben erfolgt nach dem **Aushärten**.
Finden Sie für sich heraus, mit welchem Equipment Ihnen das Malen am besten gelingt (siehe Seite 13).

Alle Modellierwerkzeuge finden Sie auf den Seiten 10 und 27.

Modellieren einer Frau

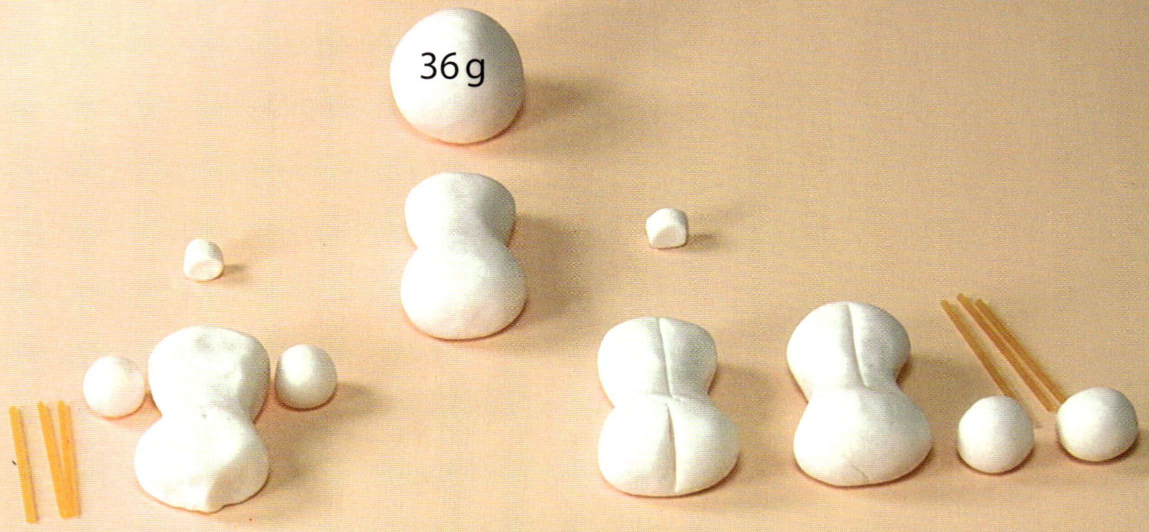

Wenn Sie üppige Formen bevorzugen, setzen Sie einfach noch zwei entsprechend große Kugeln auf den Po.

Modellieren eines Mannes

Lieben Sie einen Kuschelbauch, muss das Waschbrett der Kugel eben weichen.

Modellieren von Armen & Beinen

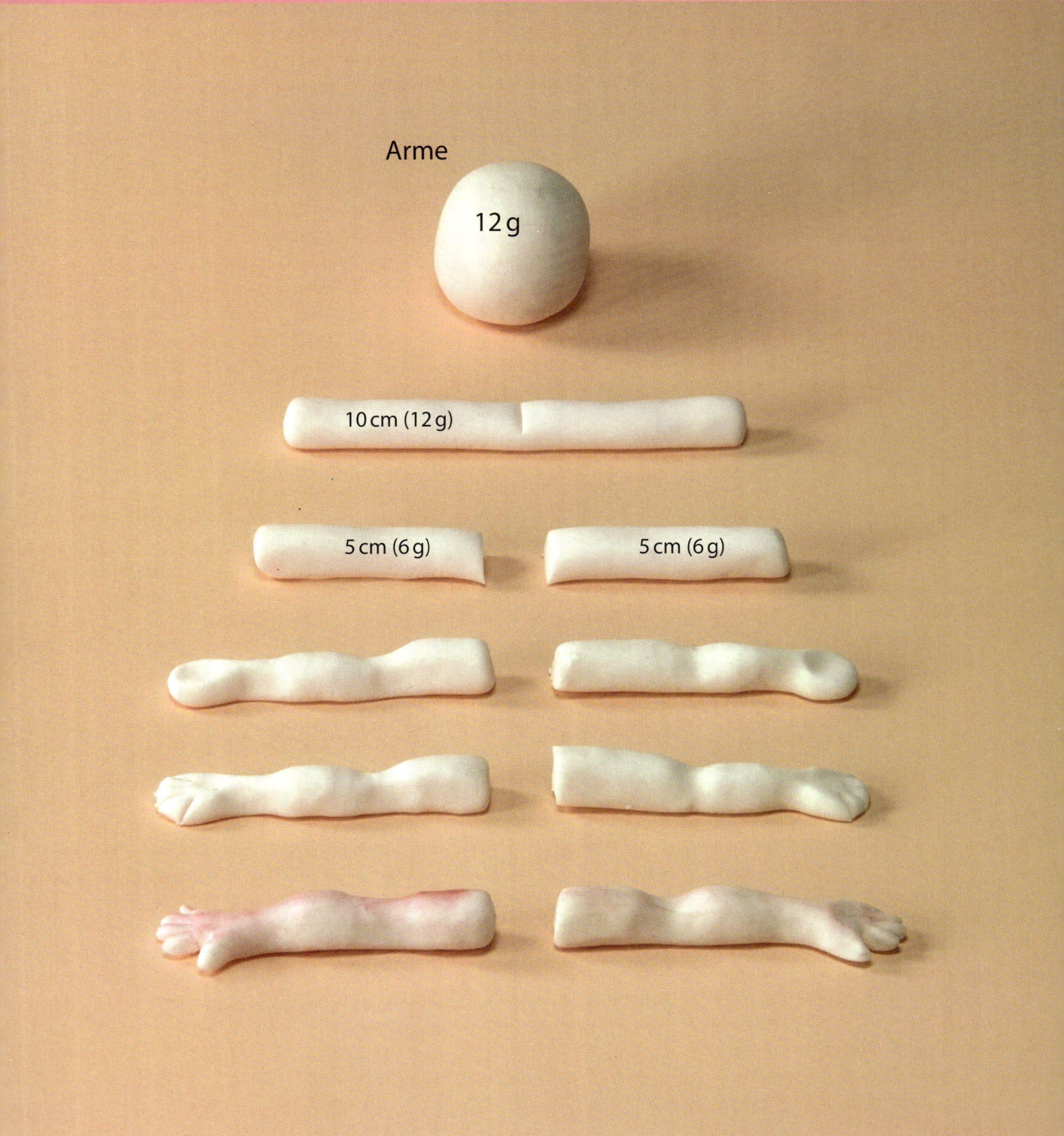

2. Kugel
Arme, Beine
(36 g)

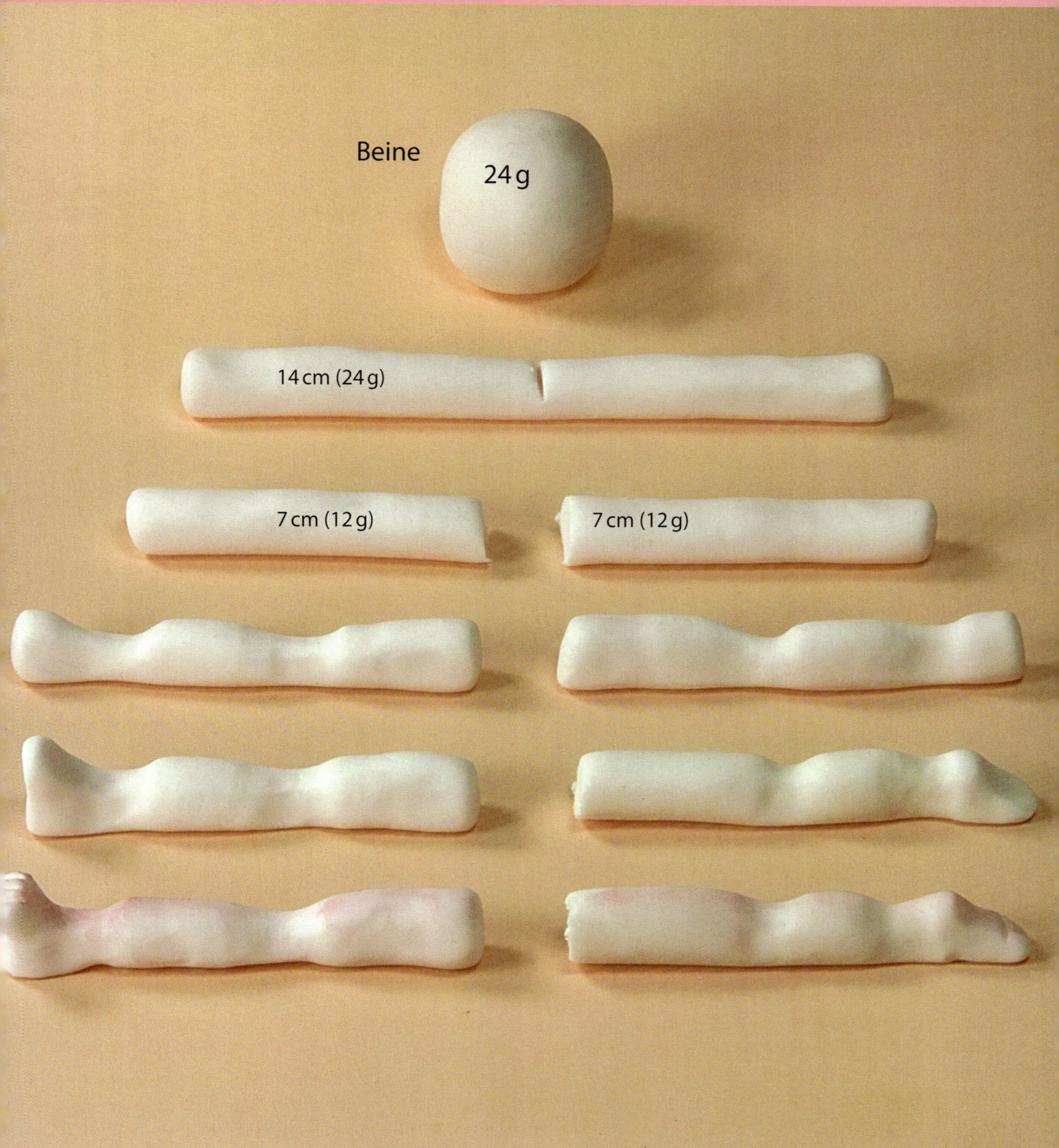
Beine
24 g
14 cm (24 g)
7 cm (12 g)
7 cm (12 g)

Modellieren von Köpfen & Gesichtern

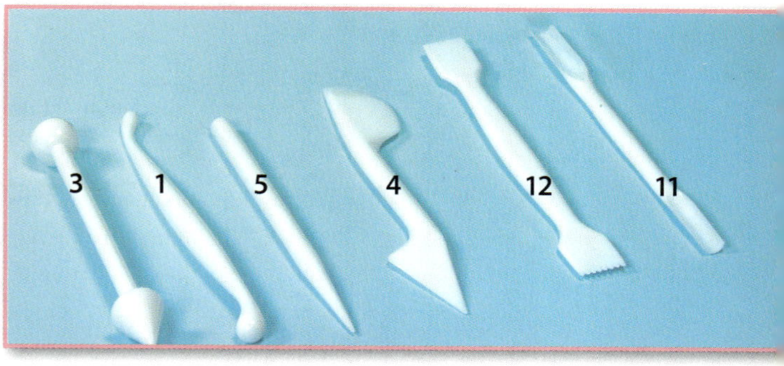

Ein Kopf lässt sich besonders gut mit Hilfe eines **Liliennagels**, den Sie in eine Styroporunterlage stecken, gestalten. So kann er sich nicht beim eventuellen Drehen und Berühren verformen. **Nase und Ohren** werden mit ein wenig Zuckerkleber angesetzt. Die Ohr- und Nasenlöcher sind mit dem **Modellierwerkzeug Nr. 5** behutsam hineingestochen und der Mund bei den Gesichtern 1 und 2 mit dem Modellierwerkzeug Nr. 11 geprägt. Während bei 1 und 3 die Augen mit Fondant aufgelegt wurden, indem Sie kleine weiße und schwarze Kugeln aufs Gesicht kleben bzw. drücken, sind die Augen bei 2 und 4 mit einem dünnen Pinsel und Farbpaste oder flüssiger Speisefarbe aufgemalt. Mit dem **Herzausstecher** Mini 7 mm (siehe Seite 10), stanzen Sie aus dünn ausgerolltem roten Fondant Miniherzen aus. Als Lippen setzen Sie die Herzen, wie bei 3 und 4 zu sehen ist, auf das Gesicht. Das Modellierwerkzeug Nr. 11 zaubert durch seine Prägung ein Lächeln in den Mund. Der **Effekt** von Lippgloss entsteht durch Auftragen von Speisefarben-Kristall-Pulver oder durch zusätzliches Bemalen mit roter Farbpaste.

Für die Haare machen Sie Fondant mit **Fett** geschmeidig und drücken dann die Masse durch eine **Knoblauchpresse**. Streichen Sie den Kopf mit Zuckerkleber ein und legen die **gewünschte Frisur.**

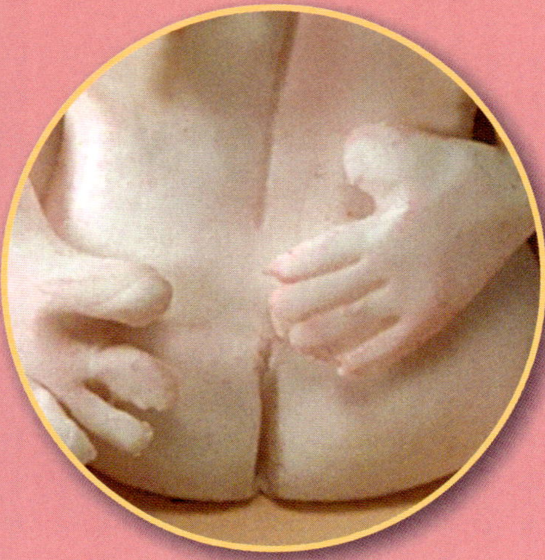

Diverse Körperstellungen

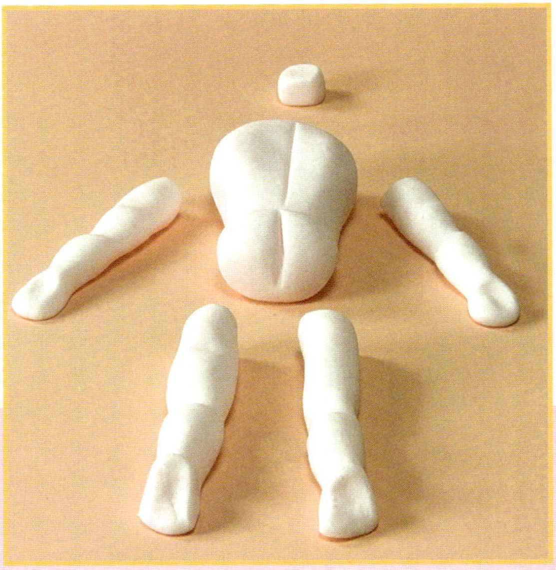

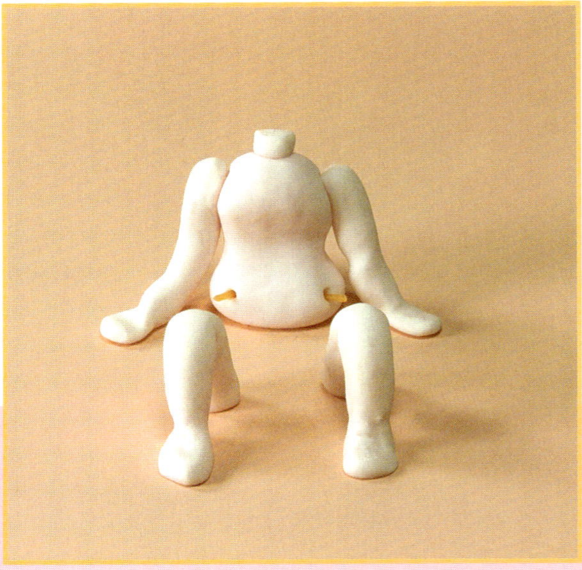

und wenn Sie das so … und … so … ur

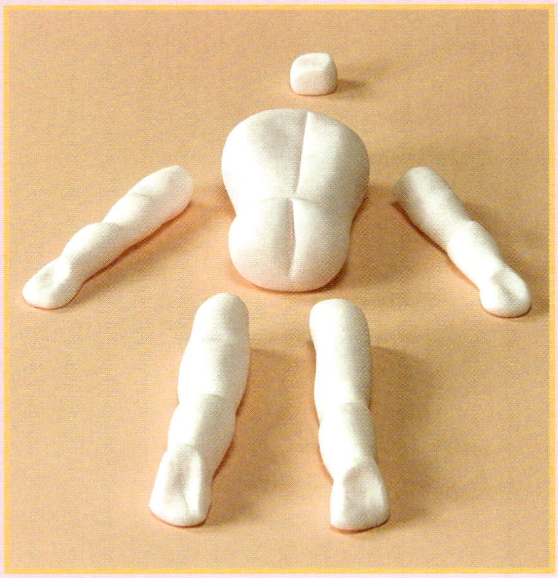

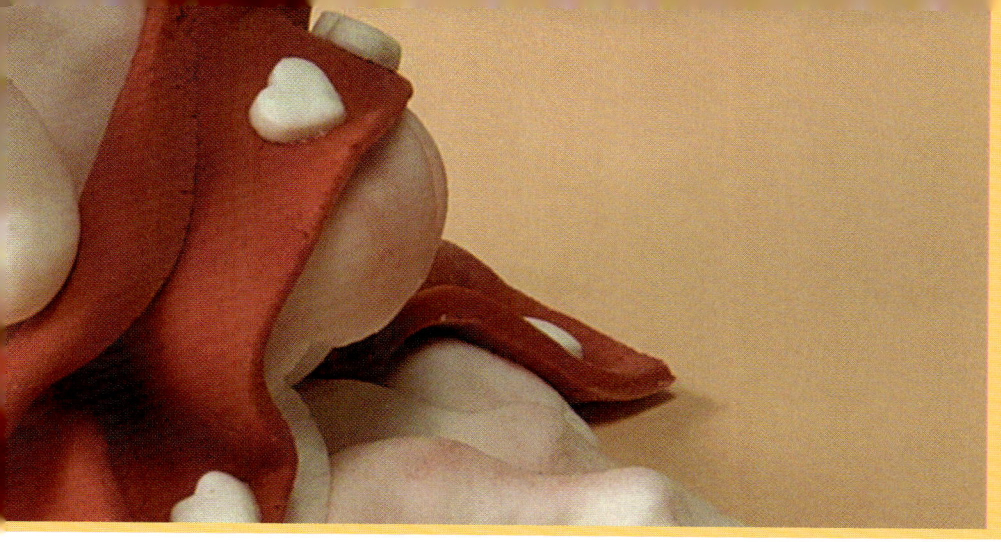

o machen, kann das dabei heraus kommen!

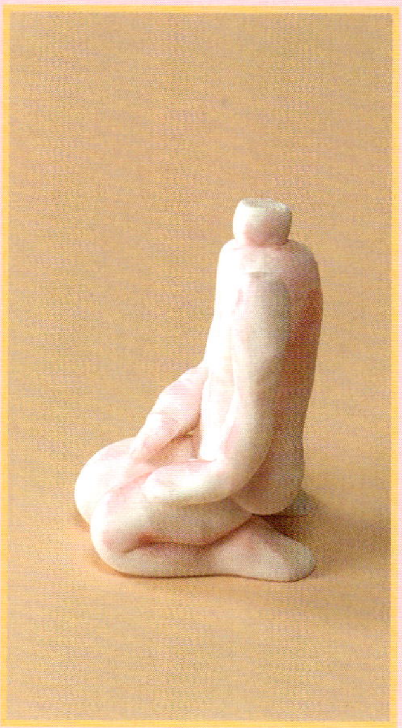

Tipps

Ein großer Vorteil, diese Art von Torten zu kreieren, ist der, dass Sie die Hauptfiguren und diverse Einzelteile bereits Tage oder sogar Wochen vor dem gewünschten Anlass modellieren können.

Trocken und staubfrei aufbewahrt, erhalten Ihre Modelle lange ihren Charme und schmücken Ihre frische, leckere Torte.

Bei allen Tortenmodellen sind die Figuren direkt auf das Torten-Oberteil modelliert.

Um das Anschneiden der Torte zu erleichtern, können Sie Ihr Wunschmotiv auch auf eine separate, getrocknete Fondantplatte modellieren und vor dem Anschneiden wieder abheben.

So bleibt Ihr Kunstwerk unversehrt erhalten.

Viel Glück!

Konditorin Sweet & Sexy

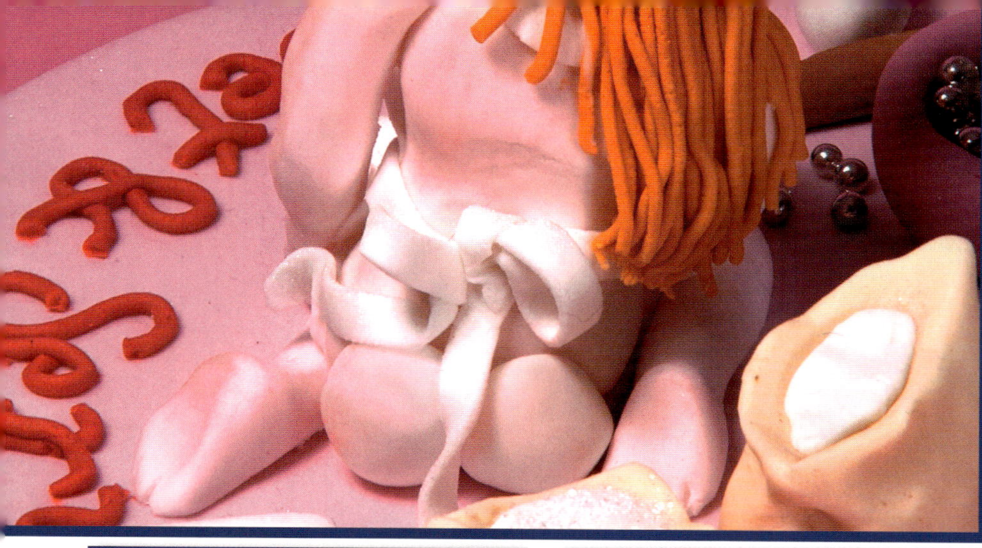

Rezept-Tipp:
Vanille ist ein sinnliches Gewürz. Das Mark von drei Vanilleschoten in den Teig gegeben, wird all Ihre Sinne für die Liebe wecken!

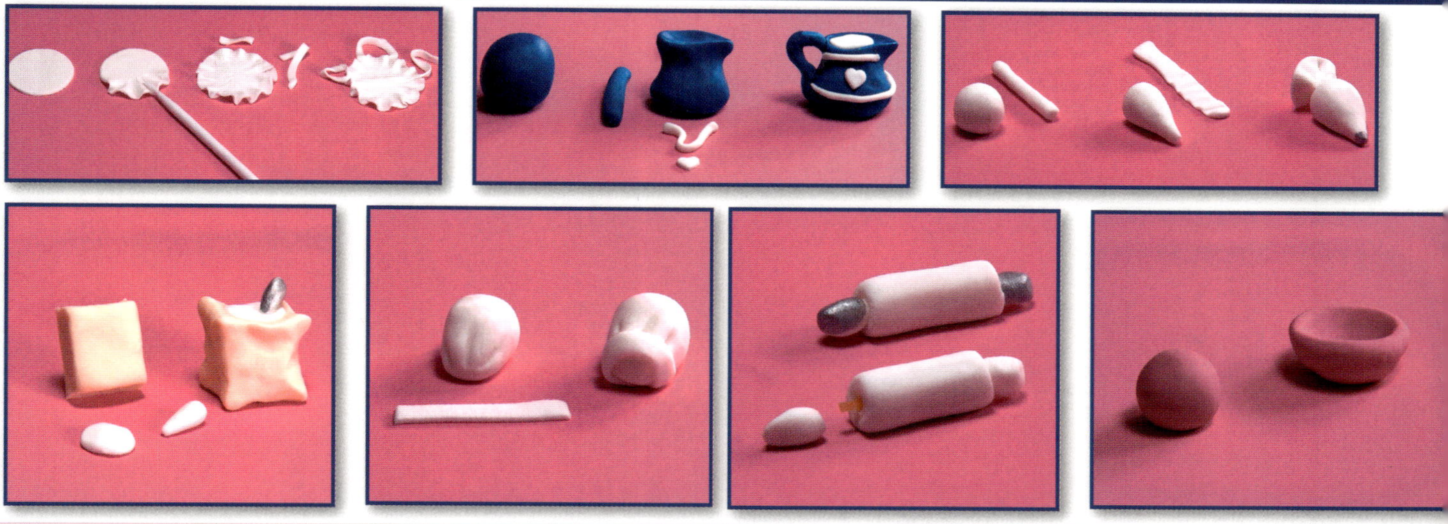

Man nehme …

Rollfondant:
Weiß, hellrosa, pink, rot, blau, braun, gelb, champagner

Speisefarben-Paste:
Schwarz, blau, rosenrot, silber-metallic

Speisefarben-Pulver:
Rosenrot

Speisefarben-Kristallpulver:
Perlweiß

Ausstechformen + Zubehör:
Mini-Herz mit Auswerfer ca. 7 mm
Oval ca. 5,5 cm x 4,5 cm
Silberne Zuckerperlen (Liebesperlen)

Man mache …

Schritt 1
Backen Sie einen runden Kuchen mit ∅ 22 cm und einen runden, flachen Kuchen mit ∅ 28 cm
(siehe Rezept Seite 14).

Schritt 2
Decken Sie den Boden mit pinkfarbenem und das Oberteil mit hellem, pinkfarbenem Rollfondant ein (siehe Seite 18) und kleben das Oberteil mittig auf den Boden.
Den Schnittrand verdecken Sie mit einer pinkfarbenen Schlange. In gleicher Farbe schneiden Sie ein 2 cm breites, dünnes Band aus und kleben es um das Oberteil.

Schritt 3
Modellieren Sie mit Hilfe der Modellieranleitungen (S. 20 bis S. 28) die Konditorin. Das diverse Zubehör modellieren Sie gemäß der Fotoanleitung (siehe oben).

Schritt 4
Platzieren Sie die Einzelteile, wie Sie es auf dem Tortenfoto sehen können und fixieren das Ganze mit Zuckerkleber.

Schritt 5
Mit einer Fondantschnur legen Sie Ihren Wunschtext so auf die Torte, dass es aussieht, als ob die Schrift aus der Tülle gespritzt wird.

Schritt 6
Verzieren Sie die Torte mit Liebesperlen und weißen Herzen. Am besten lassen sie sich mit Hilfe von Pinzette und Zuckerkleber aufsetzen.

Schritt 7
Um der Torte ein edles Aussehen zu verleihen, können Sie den Fondant mit perlweißem Kristallpulver bestäuben.

Bunny sucht ...

Rezept-Tipp:
Vor dem Eindecken mit Rollfondant stechen Sie Löcher in den noch heißen Kuchen und bespritzen ihn mit Eierlikör. Frohe Ostern!

Man nehme …

Rollfondant:
Hellgrün, grün, weiß, hellrosa, braun, gelb, schwarz

Speisefarben-Paste:
Schwarz

Speisefarben-Pulver:
Terrakotta, braun, tannengrün

Speisefarben-Kristallpulver:
Perlweiß

Ausstechformen + Zubehör:
Tropfen ca. ∅ 34 mm, 28 mm, 20 mm
Kreis ca. ∅ 12 mm
Blüte mit Auswerfer ∅ 25 mm
Bunte Zuckereier

Man mache …

Schritt 1
Backen Sie einen runden Kuchen mit ∅ 22 cm und einen runden, flachen Kuchen mit ∅ 28 cm (siehe Rezept Seite 14).

Schritt 2
Decken Sie den Boden und das Oberteil mit hellgrünem Rollfondant ein (siehe Seite 18) und kleben das Oberteil mittig auf den Boden.
Den Schnittrand verdecken Sie mit einer hellgrünen Schlange. Mit Hilfe einer Knoblauchpresse bereiten Sie das Gras vor und kleben es auf und um die Torte, so wie es auf dem Foto zu sehen ist.

Schritt 3
Modellieren Sie mit Hilfe der Modellieranleitungen (S. 20 bis S. 28) das Bunny. Die Häschen und die Blüten modellieren Sie gemäß der Fotoanleitung (siehe oben).

Schritt 4
Platzieren Sie die Einzelteile, wie Sie es auf dem Tortenfoto sehen können und fixieren das Ganze mit Zuckerkleber.

Schritt 5
Verzieren Sie die Torte mit ausgestanzten Blüten und bunten Zuckereiern.

Schritt 6
Zum Schluss werden das Bunny und die Häschen bemalt, mit Speisefarben-Pulver bepinselt und die Blüten mit perlweißem Kristallpulver bestäubt.

Männerliebe/ Frauenliebe

Hauptsache: Liebe … Liebe … Liebe

Rezept-Tipp:
Geben Sie 1 EL getrocknete Lavendelblüten unter den Teig. Das wirkt sich auf jede Beziehung harmonisierend aus!

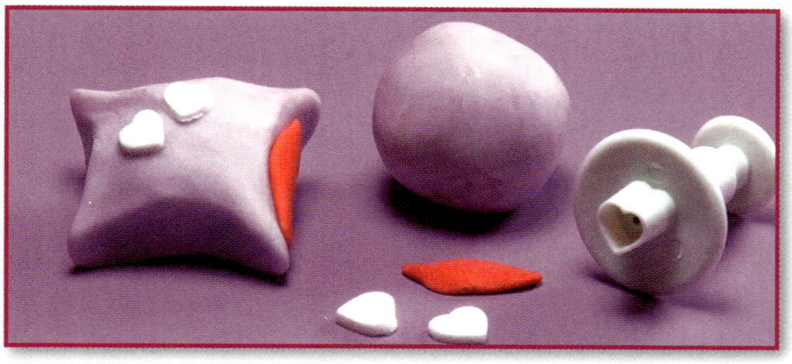

Man nehme …

Rollfondant:
Weiß, hellrosa, pink, rot, braun, gelb, schwarz

Speisefarben-Paste:
Schwarz

Speisefarben-Pulver:
Rosenrot, braun

Speisefarben-Kristallpulver:
Perlweiß

Ausstechformen + Zubehör:
Mini-Herz mit Auswerfer ca. 7 mm
Kreis ca. ∅ 9 mm, 18 mm, 20 mm

Man mache …

Schritt 1
Backen Sie einen runden Kuchen mit ∅ 22 cm und einen runden, flachen Kuchen mit ∅ 28 cm (siehe Rezept Seite 14).

Schritt 2
Decken Sie den Boden mit schwarzem und das Oberteil mit weißem Rollfondant ein (siehe Seite 18) und kleben das Oberteil mittig auf den Boden.

Schritt 3
Modellieren Sie mit Hilfe der Modellieranleitungen (S. 20 bis S. 28) die Männer bzw. die Frauen. Das Bettzeug modellieren Sie gemäß der Fotoanleitung (siehe oben).

Schritt 4
Platzieren Sie die Einzelteile, wie Sie es auf dem Tortenfoto sehen können und fixieren das Ganze mit Zuckerkleber.

Schritt 5
Rollen Sie pinkfarbenen Fondant dünn aus und stanzen Kreise aus, die auf dem Tortenboden angeordnet und aufgeklebt werden.

Schritt 6
Zum Schluss werden die Liebenden bemalt und die Torte mit perlweißem Kristallpulver veredelt.

Garten Eden

Rezept-Tipp:

Eine Prise Zimt und kleine Apfelstückchen in den Teig gerührt, lassen Sie die Sünde kosten!

Man nehme …

Rollfondant:
Braun, grün, orange, hellrosa, rot, blau, gelb, schwarz

Speisefarben-Paste:
Braun

Speisefarben-Pulver:
Terrakotta, braun, tannengrün

Speisefarben-Kristallpulver:
Grün

Ausstechformen + Zubehör:
Deko-Flex-Model Blätter
Ausstechform Blatt ca. 5 cm

Man mache …

Schritt 1
Backen Sie einen Baumstammkuchen (siehe Rezept Seite 14) und decken diesen mit braunem Fondant ein (siehe Seite 18).

Schritt 2
Setzen Sie eine braune Fondantschlange um den Stamm und kleben sie mit Zuckerkleber an.

Schritt 3
Modellieren Sie mit Hilfe der Modellieranleitungen (S. 20 bis S. 28) Adam und Eva. Die Schlange, die Blätter und den Apfel modellieren Sie gemäß der Fotoanleitung (siehe oben). Für die stehenden Blätter empfiehlt es sich, sie vor dem Einsetzen in den Kuchen durchhärten zu lassen und in den noch weichen Fondant-Überzug zu stecken.

Schritt 4
Platzieren Sie die Einzelteile, wie Sie es auf dem Tortenfoto sehen können und fixieren das Ganze mit Zuckerkleber.

Schritt 5
Zum Schluss bemalen Sie die Blätter mit grünem und den Stamm mit braunem Speisefarben-Pulver. Mit dem Kristall-Pulver grün zaubern Sie einen besonderen Effekt auf die Blätter.

Chefsache

Alles in einer Hand!

Rezept-Tipp:
Nibs, (getrocknete und geröstete Kakaokerne) und gehackte Kakaobohnen unter den Teig gemischt, lösen jedes Problem!

Man nehme …

Rollfondant:
Schwarz, hellrosa, rot

Speisefarben-Pulver:
Terrakotta, rosenrot

Speisefarben-Kristallpulver:
Antiksilber

Ausstechformen + Zubehör:
Hand 6 cm und 9 cm
Silberne Zuckerperlen (Liebesperlen)

Man mache …

Schritt 1
Backen Sie einen quadratischen Kuchen 25 x 25 cm und einen quadratischen, flachen Kuchen 28 x 28 cm (siehe Rezept Seite 14).

Schritt 2
Decken Sie den Boden und das Oberteil mit schwarzem Fondant ein (siehe Seite 18) und kleben das Oberteil versetzt auf den Boden.

Schritt 3
Um das Oberteil legen Sie ein ca. 2,5 cm breites Band.

Schritt 4
Modellieren Sie mit Hilfe der Modellieranleitungen (S. 20 bis S. 28) den Po aus zwei Kugeln à 100 g und bekleiden ihn mit einem roten Dreieck. Platzieren Sie die Teile, wie Sie es auf dem Tortenfoto sehen können und fixieren das Ganze mit Zuckerkleber.

Um die Ränder des Slips werden nochmal jeweils ca. 1 cm schmale Bänder geklebt. Schmücken Sie den Slip und das Band des Kuchenoberteils mit silbernen Liebesperlen.

Schritt 5
Mit einer roten Fondantschnur legen Sie den Wunschtext auf den Tortenboden.

Schritt 6
Ein edles Aussehen bekommt die Torte durch das Bepinseln mit Kristallpulver-Antiksilber.

Loveguard

Ich rette Dich!

Rezept-Tipp:

Belebende Frische bringen ein paar Tropfen Minzöl oder Minzpaste in den Teig. Die Liebe ist gerettet!

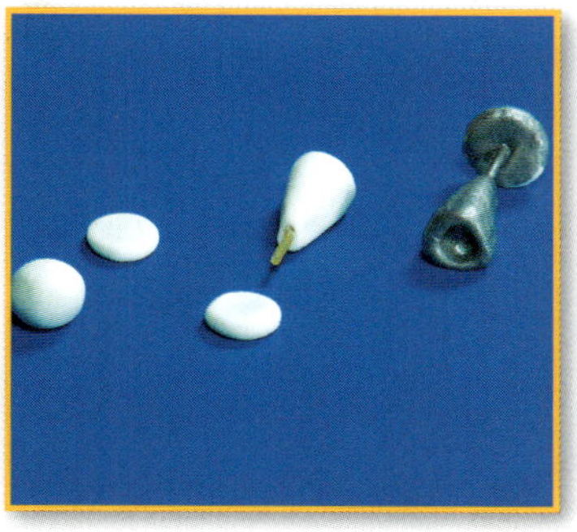

Man nehme ...

Rollfondant:
Weiß, hellrosa, rot, orange, gelb, grün, blau, braun, champagner

Speisefarben-Paste:
Schwarz, braun, silber-metallic, gold-metallic

Speisefarben-Pulver:
Rosenrot

Speisefarben-Kristallpulver:
Perlweiß

Ausstechformen + Zubehör:
Quadrate 14 x 14 mm, 20 x 20 mm

Man mache ...

Schritt 1
Backen Sie einen quadratischen Kuchen 25 x 25 cm und einen quadratischen, flachen Kuchen 28 x 28 cm (siehe Rezept Seite 14).

Schritt 2
Decken Sie den Boden und das Oberteil mit weißem Rollfondant ein (siehe Seite 18) und kleben das Oberteil mittig auf den Boden.

Schritt 3
Auf das Oberteil setzen Sie einen weißen rechteckigen Rand von ca. 2 cm Stärke.

Schritt 4
Den Pool bekleben Sie mit weißen und blauen ausgestanzten Quadraten. Dazu müssen Sie den jeweiligen Fondant dünn ausrollen.

Schritt 5
Legen Sie blauen Fondant in den Pool.

Schritt 6
Modellieren Sie mit Hilfe der Modellieranleitungen (S. 20 bis S. 28) den Mann. Das Zubehör modellieren Sie gemäß der Fotoanleitung (siehe oben).

Schritt 7
Platzieren Sie die Einzelteile, wie Sie es auf dem Tortenfoto sehen können und fixieren das Ganze mit Zuckerkleber. Um dem Pool ein edles Aussehen zu verleihen, können Sie den Fondant mit perlweißem Kristallpulver bestäuben.

Süße Biene

Rezept-Tipp:
Wenn Sie den Zucker im Rezept durch die gleiche Menge Honig ersetzen, lockt das gewiss die Bienen an!

Man nehme …

Rollfondant:
Hellrosa, braun, grün, gelb, pink, weiß, schwarz

Speisefarben-Paste:
Schwarz, rot

Speisefarben-Pulver:
Terrakotta, pink, grün

Speisefarben-Kristallpulver:
Perlweiß, rosa, gold

Ausstechformen + Zubehör:
Mini-Herz mit Auswerfer ca. 7 mm
Kreis ca. ∅ 14 mm
Blatt 3 cm
Gerbera ∅ 4 cm
Blumendraht

Man mache …

Schritt 1
Backen Sie einen Penis-Kuchen (siehe Rezept Seite 14).

Schritt 2
Modellieren Sie mit Hilfe der Modellieranleitungen (S. 20 bis S. 28) die Biene. Das Zubehör modellieren Sie gemäß der Fotoanleitung (siehe oben).

Schritt 3
Platzieren Sie die Einzelteile, wie Sie es auf dem Tortenfoto sehen können und fixieren das Ganze mit Zuckerkleber.

Schritt 4
Zum Schluss bemalen Sie den Penis und die Biene mit Speisefarben-Pulver und versehen die Blüten mit einem Hauch perlweißem Kristallpulver.

Wilde Ehe

Ich liebe Dich!

Rezept-Tipp:
Beträufeln Sie den abgekühlten Kuchen mit Rosenlikör. Liebe auf ewig!

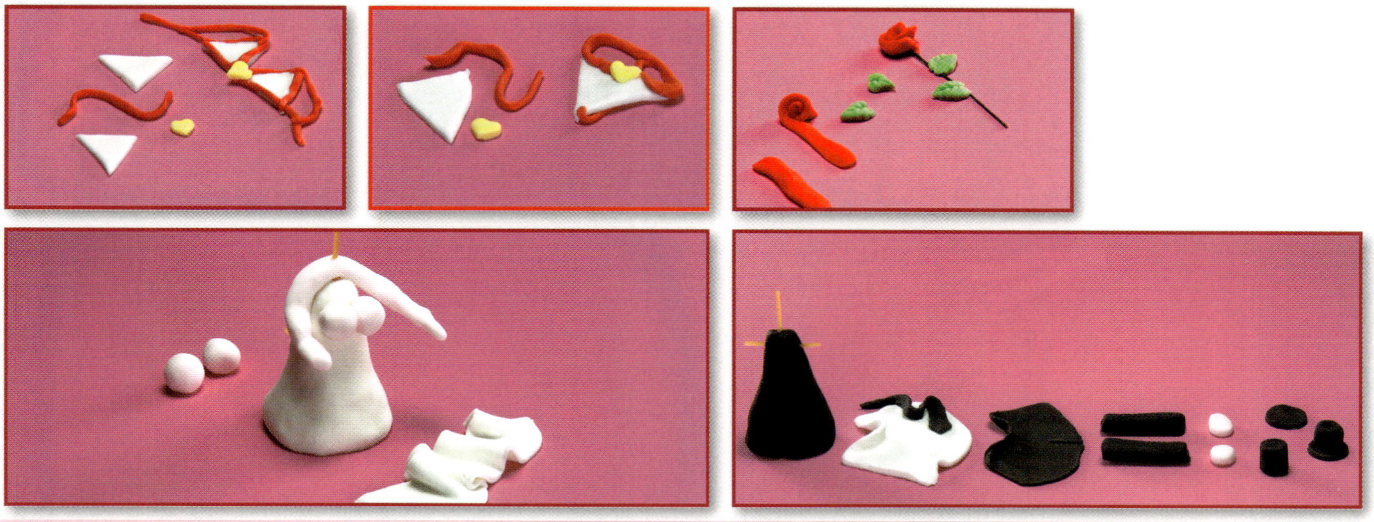

Man nehme …

Rollfondant:
Weiß, hellrosa, pink, rot, teddybraun, gelb, schwarz

Speisefarben-Paste:
Schwarz, blau, rosenrot, gold-metallic

Speisefarben-Pulver:
Rosenrot

Speisefarben-Kristallpulver:
Perlweiß

Ausstechformen + Zubehör:
Mini-Herz mit Auswerfer ca. 7 mm
Herz 4 cm
Kreis ∅ 2 cm
Dreiecke ca. 2 cm + 2,4 cm
Deko-Flex-Model Blättersortiment
Grüner Blumendraht

Man mache …

Schritt 1
Backen Sie einen runden Kuchen mit ∅ 22 cm und einen runden, flachen Kuchen mit ∅ 28 cm (siehe Rezept Seite 14).

Schritt 2
Decken Sie den Boden mit pinkfarbenem und das Oberteil mit weißem Rollfondant ein (siehe Seite 18) und kleben das Oberteil mittig auf den Boden. Um den Rand des Unterteils legen Sie ein weißes ca. 1,5 cm breites Band aus Fondant.

Schritt 3
Ausgestochene pinkfarbene Herzen werden mit Zuckerkleber auf und um die Torte gelegt.

Schritt 4
Modellieren Sie mit Hilfe der Fotoanleitungen auf dieser Seite die Braut und den Bräutigam. Die Grundform dieser beiden Figuren bildet jeweils ein modellierter Kegel von je 60 g. Die Köpfe sind jeweils ca. 7 g leicht. Hilfreich sind die Modellieranleitungen von (S. 20 bis S. 28).

Schritt 5
Platzieren Sie die Einzelteile, wie Sie es auf dem Tortenfoto sehen können und fixieren das Ganze mit Zuckerkleber.

Schritt 6
Die Figuren werden zum Schluss bemalt, bzw. mit Pulver bestäubt. Um der Torte ein edles Aussehen zu verleihen, können Sie den Fondant mit perlweißem Kristallpulver bestäuben und die Ringe sowie die kleinen Herzen mit Paste vergolden.

Fotoshooting

Rezept-Tipp:
Eine Messerspitze Chilipulver mit einem gehäuften TL Kakao in den Teig gemischt, gibt Ihrer Torte würzige Schärfe!

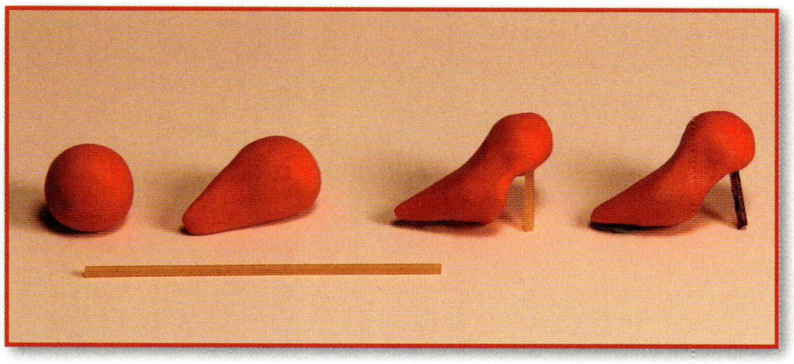

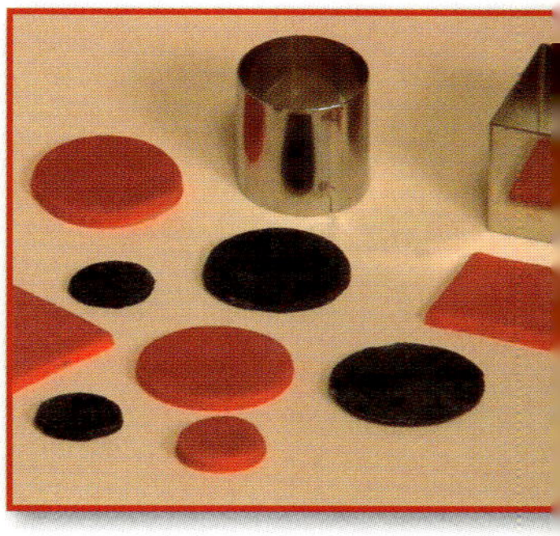

Man nehme …

Rollfondant:
Weiß, schwarz, hellrosa, rot, blau, braun

Speisefarben-Paste:
Schwarz, blau, rot, silber-metallic

Speisefarben-Pulver:
Rosenrot

Speisefarben-Kristallpulver:
Perlweiß

Ausstechformen + Zubehör:
Kreise
Quadrate

Man mache …

Schritt 1
Backen Sie einen runden Kuchen mit ∅ 22 cm und einen runden, flachen Kuchen mit ∅ 28 cm (siehe Rezept Seite 14).

Schritt 2
Decken Sie den Boden und das Oberteil mit grauem Rollfondant ein (siehe Seite 18) und kleben das Oberteil mittig auf den Boden.
Den Schnittrand verdecken Sie mit einer grauen Fondantschlange.

Schritt 3
Den Rand des Bodens bekleben Sie abwechselnd mit roten und schwarzen Quadraten. Dazu müssen Sie den jeweiligen Fondant dünn ausrollen und Quadrate ausstanzen.
Drücken Sie weißen Fondant durch die Knoblauchpresse und die Liege fläche wird flauschig.

Schritt 4
Modellieren Sie mit Hilfe der Modellieranleitungen (S. 20 bis S. 28) die Figuren. Das Zubehör modellieren Sie gemäß der Fotoanleitung (siehe oben).

Schritt 5
Platzieren Sie die Einzelteile, wie Sie es auf dem Tortenfoto sehen können und fixieren das Ganze mit Zuckerkleber.

Schritt 6
Den Rand des Bodens und den Rand des Oberteils bekleben Sie abwechselnd mit roten und schwarzen Kreisen in verschiedenen Größen. Auch dazu müssen Sie den jeweiligen Fondant dünn ausrollen und ausstanzen.
Um der Torte ein edles Aussehen zu verleihen, können Sie den Fondant mit perlweißem Kristallpulver bestäuben.

Tausendundeine Nacht

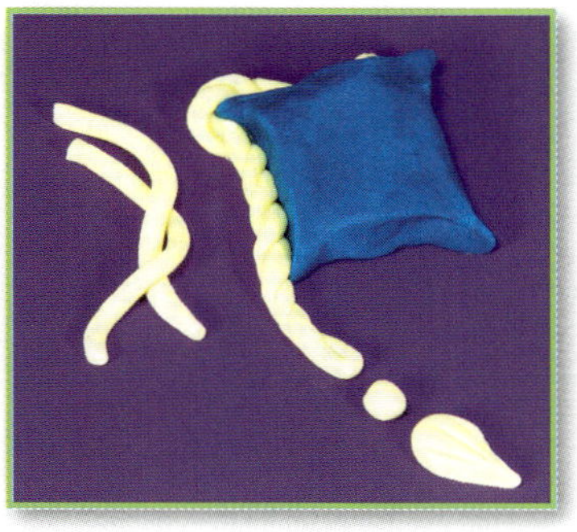

Man nehme …

Rollfondant:
Lila, hellrosa, pink, rot, blau, gelb, schwarz

Speisefarben-Paste:
Schwarz, silber-metallic, gold-metallic

Speisefarben-Pulver:
Rosenrot

Speisefarben-Kristallpulver:
Perlweiß, rosa, bordeaux, blau

Zuckerperlen (Liebesperlen):
Gold, pink, grün

Ausstechformen + Zubehör:
Quadrat 14 x 14 mm
Dekor-Prägestempel Arabeske
Goldene Kerzen mit Halter
ca. 8 cm hoch

Man mache …

Schritt 1
Backen Sie einen runden Kuchen mit ∅ 22 cm und einen runden flachen Kuchen mit ∅ 28 cm (siehe Rezept Seite 14).

Schritt 2
Decken Sie den Boden und das Oberteil mit lilafarbenem Fondant ein (siehe Seite 18) und kleben das Oberteil mittig auf den Boden. Den Schnittrand verdecken Sie mit einer lilafarbenen Fondantschlange.

Schritt 3
Den Prägestempel drücken Sie in den Tortenüberzug und legen eine weiße Fondantschnur auf die Prägung (siehe oben). Nach dem Erhärten bemalen Sie diese mit Speisefarben-Paste silber-metallic.

Schritt 4
Modellieren Sie mit Hilfe der Modellieranleitungen (S. 20 bis S. 28) den Pascha. Das Kissen und die Tänzerinnen modellieren Sie gemäß der Fotoanleitung (siehe oben).
Achten Sie bitte darauf, dass die Fondantkugeln für die Tänzerinnen wesentlich kleiner ausfallen müssen als für den Pascha!

Schritt 5
Platzieren Sie die Einzelteile, wie Sie es auf dem Tortenfoto sehen können und fixieren das Ganze mit Zuckerkleber.

Schritt 6
Beleben Sie die Körper mit Speisefarben-Pulver und bestäuben Sie die Torte mit Kristallpulver.

Schritt 7
Zum Schluss setzen Sie die Liebesperlen mit Hilfe von Zuckerkleber auf den Kuchen und dekorieren die Kerzen dazu.

Tarzan

Ich Tarzan! Du Jane?

Rezept-Tipp:
Vor dem Eindecken mit Rollfondant stechen Sie Löcher in den noch heißen Kuchen und bespritzen ihn mit Bananenlikör. Heia, Safari!

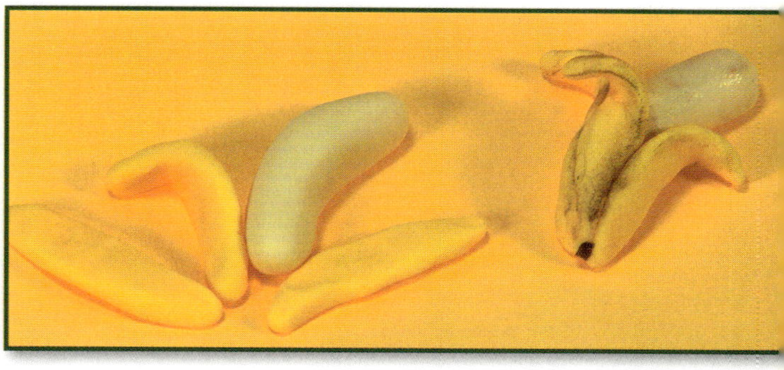

Man nehme …

Rollfondant:
Grün, weiß, schwarz, hellrosa, rot, gelb, champagner, schokobraun, teddybraun

Speisefarben-Paste:
Grün, schwarz

Speisefarben-Pulver:
Terrakotta, tannengrün, braun

Speisefarben-Kristallpulver:
Perlweiß, bordeaux, gold

Ausstechformen + Zubehör:
Lilie, 65 mm
Liliennagel
Staubblüten, weiß + gelb

Man mache …

Schritt 1
Rollen Sie gelben und roten Fondant aus und stanzen Lilien. Setzen Sie die Lilien in einen Liliennagel, legen eine kleine Kugel in die Blütenmitte, stecken ein paar Staubblüten hinein und lassen sie 1 bis 2 Tage trocknen (siehe oben).

Schritt 2
Backen Sie einen runden Kuchen mit ∅ 28 cm (siehe Rezept Seite 14).

Schritt 3
Bedecken Sie den Kuchen vollständig mit grünem Fondant (siehe Seite 18).

Schritt 4
Mit Hilfe der Modellieranleitungen (S. 20 bis S. 28) modellieren Sie Tarzan mit der Keule. Das Stoffmuster (siehe Seite 62 Wild Woman) ergibt sich aus unterschiedlich großen farbigen Kugeln, die mit Hilfe von Zuckerkleber auf den Untergrund gesetzt werden.

Schritt 5
Dunkelgrüne Fondantschlangen ca. ∅ 12 mm werden als Lianen kreuz und quer um die Torte gewunden und mit Zuckerkleber fixiert.

Schritt 6
Setzen Sie nun mit Zuckerkleber die zuvor ausgehärteten Lilien in den Urwald und platzieren die modellierte Banane in den Vordergrund.

Schritt 7
Zum Schluss setzen Sie mit Speisefarben-Pulver und Kristallpulver belebende Akzente.

Boygroup

Rezept-Tipp:
Stechen Sie Löcher in den abgekühlten Kuchen und besprengen Sie ihn vor dem Eindecken mit Champagner. Prost!

Man nehme …

Rollfondant:
Schwarz, hellrosa, rot, weiß, gelb, braun

Speisefarben-Paste:
Schwarz

Speisefarben-Pulver:
Rosenrot, rot

Ausstechformen + Zubehör:
Quadrate 2 x 2 cm
Silberne Zuckerperlen (Liebesperlen)
Rote Kerzen mit Halter ca. 8 cm

Man mache …

Schritt 1
Backen Sie einen quadratischen Kuchen 25 x 25 cm und einen quadratischen, flachen Kuchen 28 x 28 cm (siehe Rezept Seite 14).

Schritt 2
Decken Sie den Boden und das Oberteil mit schwarzem Fondant ein, (siehe Seite 18).

Schritt 3
Auf das Unterteil kleben Sie ausgestanzte schwarze und weiße Quadrate im Schachbrettmuster und legen ein ca. 2 cm breites Band um den Rand des Unterteils.

Schritt 4
Modellieren Sie mit Hilfe der Modellieranleitungen (S. 20 bis S. 28) die Männer. Lassen Sie aber die Körper mit den Armen ein bis zwei Tage trocknen, bevor Sie sie auf das Tortenoberteil setzen.

Genauso verfahren Sie mit dem Paketdeckel. Dazu rollen Sie schwarzen Fondant dünn aus und schneiden je 2 Trapeze aus, ca. 28 x 4,5 cm und 25 x 4,5 cm. Unter die Paketdeckel werden zur Stabilisierungshilfe Balken aus Rollfondant gelegt.

Schritt 5
Platzieren Sie die Körper, wie Sie es auf dem Tortenfoto sehen können und fixieren das Ganze mit Hilfe von Spaghetti und Zuckerkleber.

Schritt 6
Rollen Sie rotes Fondant dünn aus und schneiden ca. 3 cm breite Bänder, die um die Männer und das Päckchen gelegt werden.

Schritt 7
Zum Schluss werden die Männer bemalt, die Bänder mit rotem Speisefarben-Pulver bepinselt und die Kerzen eingesetzt. Silberne Liebesperlen sorgen für eine edle Verpackung.

Bodydinner

Rezept-Tipp:
200 g getr. Mischfrüchte mit 150 ml trockenem Weißwein aufkochen, leicht köcheln lassen, abkühlen, abtropfen, klein schneiden und unter den Teig mischen, macht Appetit auf mehr …!

Man nehme …

Rollfondant:
Weiß, grün, blau, schwarz, hellrosa, rot, gelb, orange, teddybraun, schokobraun

Speisefarben-Paste:
Tannengrün

Speisefarben-Pulver:
Rosenrot, terrakotta, braun

Speisefarben-Kristallpulver:
Perlweiß, grün

Ausstechformen + Zubehör:
Mini-Herz mit Auswerfer ca. 7 mm
Grüner Blumendraht
Champagner-Kerzen ca. 55 mm
Deko-Flex-Model Blättersortiment
Deko-Flex-Model Weintrauben

Man mache …

Schritt 1
Backen Sie einen quadratischen Kuchen mit 25 x 25 cm und einen quadratischen, flachen Kuchen mit 28 x 28 cm (siehe Rezept Seite 14). Das Kuchenoberteil muss halbiert werden, anschließend wird es mit Marmelade bestrichen und beide Hälften werden wieder aufeinander gesetzt.

Schritt 2
Decken Sie den Boden mit teddybraunem Fondant ein (siehe Seite 18) und belegen ihn dann mit Fondantstreifen, so dass der Eindruck eines Parkettfußbodens entsteht. Die Größe der „Bretter“ können Sie mit Hilfe eines Eisstieles bestimmen und ausschneiden. Dabei können Sie die Mittelfläche aussparen. Das Oberteil decken Sie mit weißem Fondant ein (siehe Seite 18) und kleben es mittig auf den Boden.

Schritt 3
Färben Sie weißen Fondant mit grüner Farbpaste zartgrün ein und rollen es aus. Schneiden Sie daraus ein Kreuz, welches Sie als Tischdecke auf das Oberteil legen. Die Größe ergibt sich aus dem gebackenen Kuchen. Die Tischkanten sollten dabei weiß hervorblitzen und die Deckenenden auf den Fußboden treffen.

Schritt 4
Modellieren Sie mit Hilfe der Modellieranleitungen (S. 20 bis S. 28) die Frau. Schmücken Sie diese mit einem hellblauen Schal und setzen sie mit Zuckerkleber auf den Tisch.

Schritt 5
Die Einzelteile fertigen Sie entsprechend der Fotoanleitungen (siehe oben) und mit Hilfe der Deko-Flex-Models „Weintrauben“ und „Blätter“ an.

Schritt 6
Arrangieren Sie die Einzelteile und die Champagner-Kerzen mit dem Zuckerkleber auf der Torte und setzen Akzente gemäß Tortenfoto.

Süßes Geheimnis

Öffne mein Herz!

Rezept-Tipp:
1 TL Anissamen unter den Teig gemixt, hat schon so manches Schloss geknackt und das Geheimnis gelüftet!

Man nehme …

Rollfondant:
Schwarz, hellrosa, rot, gelb

Speisefarben-Paste:
Gold-metallic

Speisefarben-Pulver:
Terrakotta, rosenrot

Ausstechformen + Zubehör:
Herz ca. ∅ 4 cm
Kreise ∅ 12 mm, ∅ 18 mm
Schlüssel 7,5 cm
Goldene Zuckerperlen (Liebesperlen)

Man mache …

Schritt 1
Backen Sie einen quadratischen Kuchen mit 25 x 25 cm und einen quadratischen, flachen Kuchen mit 28 x 28 cm (siehe Rezept Seite 14).

Schritt 2
Decken Sie den Boden und das Oberteil mit schwarzem Fondant ein (siehe Seite 18) und kleben das Oberteil versetzt auf den Boden.

Schritt 3
Modellieren Sie mit Hilfe der Modellier anleitungen (S. 20 bis S. 28) den Torso und schmücken ihn mit einem ausgestanzten roten Herz. Das Ganze fixieren Sie mit Zuckerkleber auf der Torte gemäß Tortenfoto.
In das Herz wird ein Schlüsselloch geprägt. Dann wird es mit goldenen Liebesperlen verziert.

Schritt 4
Gemäß Fotoanleitung (siehe oben) fertigen Sie mit Hilfe von Kreisausstechern Kettenglieder an und legen Sie laut Tortenfoto auf den Kuchen. Mit Speisefarben-Paste wird die Kette und der ausgestanzte Schlüssel vergoldet.

Schritt 5
Mit einer roten Fondantschnur legen Sie Ihren Wunschtext auf den Tortenboden.

Schritt 6
Durch das Aufpinseln von rosarotem Farbpulver wird der Torso belebt.

Meeresgöttin

Komm (mit) in meine Muschel!

Rezept-Tipp:
Eine frische Meeresbrise auf die Zunge zaubern die Schale und Fruchtstückchen einer Limette im Teig!

Man nehme …

Rollfondant:
Lila, hellrosa, pink, rot, blau, gelb, schwarz, weiß, grün

Speisefarben-Paste:
Tannengrün

Speisefarben-Pulver:
Rosenrot

Speisefarben-Kristallpulver:
Perlweiß, bordeaux, violett, gold

Ausstechformen + Zubehör:
Lilien, ∅ 65 mm + 80 mm
Sternfrucht, ∅ 40 mm
Blüte, ∅ 7 mm
Mini-Herz mit Auswerfer ca. 7 mm
Plastikschüssel ca. ∅ 17 cm

Man mache …

Schritt 1
Rollen Sie weißen Fondant ca. 5 mm dick aus und stanzen einen Kreis von ca. ∅ 17 cm. Mit dem Modellierwerkzeug Nr. 5 drücken Sie die Muschelstruktur hinein und legen diese Platte in eine Plastikschüssel (siehe Fotoanleitung). Die Muschel in der Schüssel 1 bis 2 Tage trocknen lassen.

Schritt 2
Backen Sie einen runden Kuchen mit ∅ 22 cm und einen runden, flachen Kuchen mit ∅ 28 cm (siehe Rezept Seite 14).

Schritt 3
Decken Sie den Boden mit aprikotfarbenem und das Oberteil mit blauem Fondant ein (siehe Seite 18) und kleben das Oberteil mittig auf den Boden. Mit dem Finger drücken Sie in das Blau, um den Welleneffekt zu erzielen.

Schritt 4
Ist die Muschel ausgehärtet, wird sie auf das Meeresblau mit Zuckerkleber gesetzt.

Schritt 5
Modellieren Sie mit Hilfe der Modellieranleitungen (S. 20 bis S. 28) die Meeresgöttin. Die Schnecken, Perlen, das Schilf und die Seesterne modellieren Sie gemäß der Fotoanleitung (siehe oben). Für die Form der Seesterne und des Schilfes eignen sich die Lilienausstecher bzw. Blütenausstecher.

Schritt 6
Platzieren Sie die Einzelteile, wie Sie es auf dem Tortenfoto sehen und fixieren das Ganze mit dem Zuckerkleber.

Schritt 7
Beleben Sie den Körper mit Speisefarben-Pulver. Setzen Sie weitere Akzente durch silbernes-, blaues-, grünes- und rotes Farbpulver und lassen die Perlen durch weißes Kristallpulver glänzen.

Wild Woman

Rezept-Tipp:
Das schwer-süßliche Aroma einer Tonkabohne – eine Messerspitze davon in den Teig gerieben, bringt Sie in Gefahr!

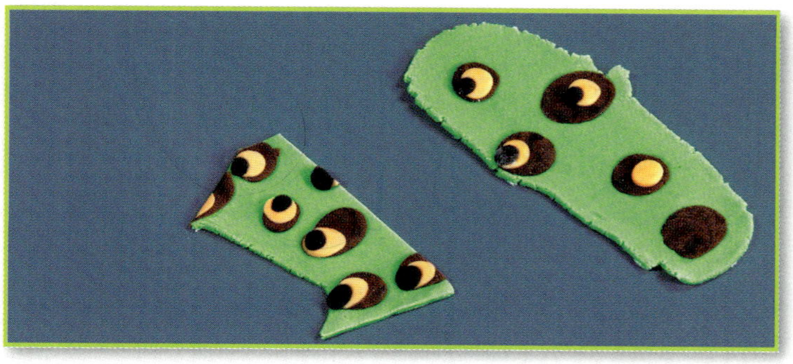

Man nehme …

Rollfondant:
Schwarz, weiß, grün, grau, rot, orange, schokobraun

Speisefarben-Paste:
Tannengrün, schwarz

Speisefarben-Pulver:
Terrakotta

Speisefarben-Kristallpulver:
Antiksilber, grau, bordeaux

Ausstechformen + Zubehör:
Eckige Gitterstanze
schwarze Kerzen mit Halter ca. 8 cm
Kleine silberne Zuckerperlen (Liebesperlen)

Man mache …

Schritt 1
Backen Sie einen quadratischen Kuchen mit 25 x 25 cm (siehe Rezept Seite 14).

Schritt 2
Färben Sie weißen Fondant mit grüner Farbpaste ein und bedecken den Kuchen vollständig damit (siehe Seite 18).

Schritt 3
Rollen Sie grauen Fondant aus, stanzen mit der Gitterstanze ein Netz und legen es behutsam auf die Torte.

Schritt 4
Mit Hilfe der Modellieranleitungen (S. 20 bis S. 28) modellieren Sie die Wild Woman. Das Stoffmuster ergibt sich aus unterschiedlich großen farbigen Kugeln, die mit Hilfe von Zuckerkleber auf den Untergrund gesetzt werden (siehe Foto). Die Peitsche und das Halsband modellieren Sie gemäß der Fotoanleitung (siehe oben). Platzieren Sie die Einzelteile, wie Sie es auf dem Tortenfoto sehen können und fixieren das Ganze mit Zuckerkleber.

Schritt 5
Mit Speisefarben-Pulver werden Akzente gesetzt und zum Schluss die Kerzen als Gitterstäbe hinein gesteckt.

Ballspiele

Spiel mit mir!

Rezept-Tipp:
Wälzen Sie 150 g tiefgekühlte Johannisbeeren in Mehl und rühren Sie diese sofort unter den Teig. Die Backzeit verlängert sich um 10 Minuten, die Spielfreude auch!

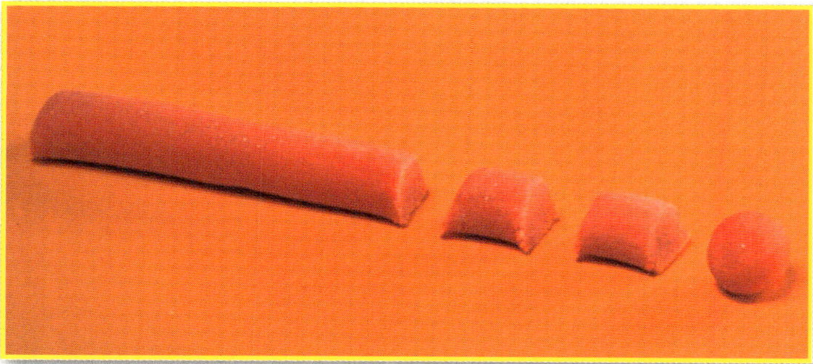

Man nehme …

Rollfondant:
Weiß, hellrosa, rot, orange, gelb, grün, blau, teddybraun

Speisefarben-Pulver:
Terrakotta, braun

Speisefarben-Kristallpulver:
Perlweiß

Man mache …

Schritt 1
Backen Sie einen quadratischen Kuchen 25 x 25 cm und einen quadratischen, flachen Kuchen 28 x 28 cm (siehe Rezept Seite 14).

Schritt 2
Decken Sie den Boden mit hellgelbem und das Oberteil mit braunem Rollfondant ein (siehe Seite 18) und kleben das Oberteil mittig auf den Boden.

Schritt 3
Auf das Oberteil setzen Sie einen braunen rechteckigen Rand von ca. 2 cm Stärke.

Schritt 4
Den Pool bekleben Sie mit braunen Streifen aus dünn ausgewalztem Fondant in einem Legemuster nach Ihrer Wahl. Die Größe der „Bretter" können Sie mit Hilfe eines Eisstieles bestimmen und ausschneiden.

Schritt 5
Gemäß der Modellieranleitungen (S. 20 bis S. 28) modellieren Sie einen Torso und Beine, die in das Ballbecken gelegt werden.

Schritt 6
Rollen Sie bunte Bälle ca. ∅ 1 cm und setzen diese mit Hilfe des Zuckerklebers in und um den Pool.

Teuflisches Engelchen

Rezept-Tipp:
Der Himmel ist süß – die Hölle verdammt scharf! Zerkleinern Sie 100 g kandierten Ingwer und geben Sie ihn in den Teig. Lecker!

Man nehme …

Rollfondant:
Weiß, hellrosa, pink, rot, blau, gelb, schwarz

Speisefarben-Paste:
Gold, rot, schwarz, blau

Speisefarben-Pulver:
Terrakotta, schwarz

Speisefarben-Kristallpulver:
Perlweiß, gold

Ausstechformen + Zubehör:
Herz 8 cm
Stern 3 cm
Blumendraht

Man mache …

Schritt 1
Rollen Sie gelben Fondant ca. 5 mm dick aus und stechen ein Herz von 8 cm aus.
Mit dem Modellierwerkzeug Nr. 5 prägen Sie die Flügelstruktur, stecken ein Holzstäbchen in das Herz hinein und lassen es mehrere Stunden trocknen.

Schritt 2
Backen Sie einen Kuchen mit dem Backrand-Primel und einen runden, flachen Kuchen mit ∅ 28 cm (siehe Rezept Seite 14). Halbieren Sie die Primel, streichen diese mit Marmelade ein und setzen die 2 Hälften aufeinander.

Schritt 3
Decken Sie den Boden und die Wolke mit hellblauem Fondant ein (siehe Seite 18) und kleben die Wolke auf den Boden.

Schritt 4
Modellieren Sie mit Hilfe der Modellieranleitungen (S. 20 bis S. 28) den Engel und die Teufel bzw. Teufelteile. Der Körper des Engels benötigt als Grundform eine Kugel von ca. 60 g und der Engelskopf eine Kugel von ca. 20 g. Umhüllen Sie den Engelskörper mit ausgewalzten weißen Rechtecken und legen den Fondant in Falten um den Engel herum. Mit Blumendraht biegen Sie den schiefen Heiligenschein und malen ihn mit goldener Farbpaste an. Stecken Sie den vorgehärteten Flügel hinter den Engel in die Wolke. Die Teufelchen können in der Größe variieren. Der „Stinkefinger" muss nach dem Modellieren vortrocknen, damit er aufrecht auf der Torte stehen bleibt.

Schritt 5
Platzieren Sie die Einzelteile, wie Sie es auf dem Tortenfoto sehen können und fixieren das Ganze mit Zuckerkleber. Zum Schluss beleben Sie die Figuren mit Speisefarben-Kristallpulver.

Merry Christmas

Süßer die Glocken nie klingen …

Rezept-Tipp:
Da freut sich der Weihnachtsmann! Rosinen, eingelegt in Orangenlikör und knackige Nüsse bringen die Liebe in Festtagsstimmung!

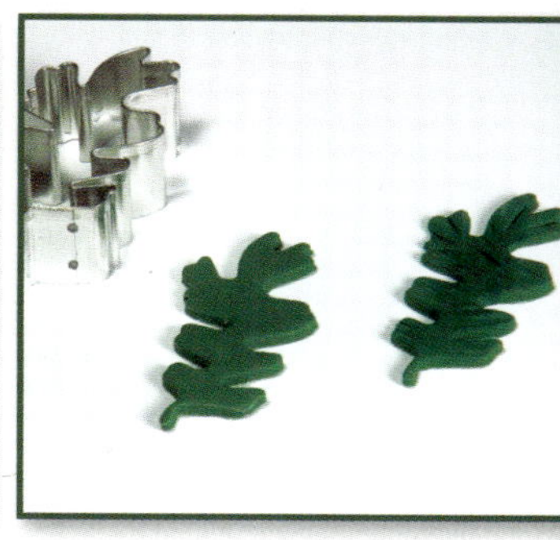

Man nehme …

Rollfondant:
Weiß, hellrosa, rot, grün, blau, braun, gelb, schwarz

Speisefarben-Paste:
Schwarz, gold-metallic

Speisefarben-Pulver:
Terrakotta, tannengrün, braun, rot

Speisefarben-Kristallpulver:
Perlweiß

Ausstechformen + Zubehör:
Mini-Herz mit Auswerfer ca. 7 mm
Mini-Stern mit Auswerfer ca. 7 mm, 10 mm
Tannenzweig ca. 5 cm
Silberne Zuckerperlen (Liebesperlen)

Man mache …

Schritt 1
Backen Sie einen runden Kuchen mit ∅ 22 cm und einen runden, flachen Kuchen mit ∅ 28 cm (siehe Rezept Seite 14).

Schritt 2
Decken Sie den Boden mit grünem und das Oberteil mit weißem Rollfondant ein (siehe Seite 18) und kleben das Oberteil mittig auf den Boden.

Schritt 3
Modellieren Sie mit Hilfe der Modellieranleitungen (S. 20 bis S. 28) den Weihnachtsmann. Das Zubehör modellieren Sie gemäß der Fotoanleitung (siehe oben).

Schritt 4
Platzieren Sie die Einzelteile, wie Sie es auf dem Tortenfoto sehen können und fixieren das Ganze mit Zuckerkleber.

Schritt 5
Verzieren Sie die Torte mit silbernen Liebesperlen, ausgestanzten Sternchen und Herzen.

Schritt 6
Um der Torte ein frostiges Aussehen zu verleihen, können Sie den Fondant mit perlweißem Kristallpulver bestäuben.

Quickies

Gut Ding' braucht Weil' …

… so heißt es. Zugegeben, das Backen und Kreieren der gezeigten Torten braucht seine Zeit. Nicht immer ist genügend dafür da. Dann können die süßen Quickies für heiße Momente sorgen. Ein Muffinteig (siehe Rezept Seite 73) ist schnell gemacht. Auf das gebackene Törtchen setzen Sie einfach Elemente aus Ihrem Tortenfavorit. Rollfondant, ausgestochen oder nach Anleitung frei modelliert, eignet sich hervorragend zum Versüßen Ihres Liebeslebens.

Teuflisches Engelchen

Wild Woman

Loveguard

Tausendundeine Nacht

Wilde Ehe

Männerliebe/Frauenliebe

Bodydinner

Fotoshooting

Merry Christmas

Quickies

Bunny sucht

Chefsache

Tarzan

Boygroup

Ballspiele

Süße Biene

Muffin-Rezept

(ausreichend für 12 Muffins oder 20 Mini-Muffins)

150 g Zucker, 150 g Butter, 1 Prise Salz und Gewürze aufschlagen. Nach und nach 3 Eier dazugeben und die Masse weiterschlagen bis sie hell und cremig ist. Danach 150 g Mehl, 100 g Speisestärke und ein halbes Päckchen Backpulver kurz, aber intensiv unterrühren. Den Teig in die Muffinförmchen füllen und bei ca. 170 °C ca. 15 Min. backen.

Noch schneller geht es mit einem Muffin-Mix!

Meeresgöttin

Süßes Geheimnis

Garten Eden

So mag ich es ...

Meine Lieblingsrezepte:

So mag ich es ...

Meine Lieblingsrezepte:

Danksagung

Als erstes möchte ich der Geschäftsleitung der Firma Städter danken,
die reichlich Humor besitzt und den Mut hatte,
mit mir dieses Projekt zu verwirklichen.
Selbstverständlich gebührt ein ganz dicker Dank
dem Konditor Torsten Rosendahl, der mir stets mit Rat und Tat zur
Seite stand und mich mit nackten Fruchtgummimännern versorgte.
Auch all den Mitarbeitern der Firma Städter sei gedankt,
die immer wieder neugierig um die Ecke der Arbeitsküche geblinzelt
und mich so motiviert haben,
Ihnen etwas zu bieten.
Und all denen sei gedankt, die mich inspiriert und
unterstützt haben.... die Liste ist lang!
Danke, liebe Liebenden, dass Sie dieses Buch zur Hand nehmen und
sich durch Sweet & Sexy inspirieren lassen.

Eike Eschholz

Impressum:

Carl-Benz-Str. 6 · D-35305 Grünberg

Ab 2008: Am Kreuzweg 1 · D- 35469 Allendorf/Lda.

Autorin: Eike Eschholz

Herstellung der Kuchenmodelle: Eike Eschholz

Rezepte und Tipps: Torsten Rosendahl

Layout Gestaltung: Mareike Hendrikx (Städter GmbH)

Fotografie: Stefan Immke (Admin-Systems, Köln)
Mareike Hendrikx (Städter GmbH)

Idee: Ursula Städter

Projektleitung: Peter Städter

Druck und Bindung: WD Print und Medien, Wetzlar

Artikel-Nummer: 305502
EAN: 4018598305502
ISBN-Nummer: 978-3-9811544-0-5

Die Künstlerin Eike Eschholz, Jahrgang 1956, lebt mit ihren drei Kindern in der Nähe von Hamburg. Seit 30 Jahren modelliert sie. Mehrere Bastelbücher sind von ihr im Vielseidig Verlag und Bücherzauber Verlag erschienen.
Ihre Erfahrungen und Ideen im Modellierbereich bringt sie als Torten-Designerin seit 2005 in die Arbeit für die Firma Städter ein.
Als vielseitige und kreative Frau ist sie außerdem als Liedermacherin, Geschichtenschreiberin und Seminarleiterin tätig.